総合研究 🍁

カナダ

Understanding Canada :
An Interdisciplinary Approach

［編著］
水戸考道／大石太郎／大岡栄美

［著］
池田裕子／神崎 舞／木村 仁／木村裕子
真田桂子／友武栄理子／マッケンジー・クラグストン

関西学院大学出版会

は　じ　め　に

　本書は、関西学院大学が所属学部にかかわらずすべての学生を対象とする全学科目として提供する「カナダ研究入門A」(春学期) および「カナダ研究入門B」(秋学期)のテキストとして、当該科目を担当する教員によって執筆されたものです。本書のいくつかの章でふれられているように、関西学院は 1910 年以来、長期にわたってカナダと密接な関係を築いてきました。1980 年代からは、カナダの大学や研究機関に所属する研究者を学期 (セメスター) ごとにカナダ研究客員教授として招聘し、英語による講義を担当してもらっています。また、同じ頃に全学科目としてカナダ研究のオムニバス科目も設置され、カナダ研究客員教授を含めた講師陣がそれぞれの専門分野からカナダを学生に紹介してきました。このオムニバス科目は、2012 年度より提供部局が国際教育・協力センター (CIEC) に移管され、グローバルスタディーズ科目「カナダ研究入門A」および「カナダ研究入門B」として再出発して現在に至っています。関西学院大学には編者をはじめとしてカナダ研究に取り組む専任教員が多く所属していますが、本科目では専任教員だけでなく、おもに関西在住のカナダ研究に取り組む研究者を講師にお招きして、学生たちが幅広い視点からカナダを理解できるように努めています。こうした経緯もあって、カナダは関西学院大学の学生にとって最も人気のある留学先であり、たとえば 2018 年度には年間 500 名を超える学生がカナダの協定校で学びました。国際化を推進するにあたり、カナダは関西学院大学にとって、最も重要な国のひとつです。

　そして 2020 年、関西学院はカナダとの交流開始から 110 周年を迎えました。また、文部科学省による「大学の世界展開力強化事業」に採択された日加大学協働・世界市民リーダーズ育成プログラム「クロス・カルチュラル・カレッジ (CCC)」の開始から 10 年になります(**コラム 10「クロス・カルチュラル・カレッジ (CCC)」**参照)。2020 年 2 月にそれらを祝う記念式典がトロント大学で開催されました。

　カナダとの交流の歴史と意義に関する基調講演およびCCCの最初の10年と今後の10年を展望する討論会から構成された式典には、元駐日カナダ大使でCCCの学長であるMackenzie Clugston関西学院大学特別任期制教授、事業開始以来、日加共同運営委員会の委員長を務めるPaul Goochトロント大学ヴィクトリア・ユニバーシティ（Victoria University in the University of Toronto）名誉学長、そして設立当初からの参加校の1つであるマウント・アリソン大学のJean-Paul Boudreau学長をはじめ、カナダの協定校の教職員、CCCの共同運営委員会や共同教務委員会、さらに協力企業の関係者やOB、学生など150名の方々が駆けつけてくださり、関西学院とカナダの関係の深さを象徴するかのような一大盛会となりました。関係者一同、これまで先人が長年にわたり積み上げてきた、深く、かつ良き関係を今後も大事に育み、ますます発展させていかなければならないと強く感じた式典でした。なお、同様の式典は2020年度に日本でも開催される予定です。

　このような記念すべき年に本書を出版できることは大変光栄です。本書を、関西学院の同窓生であり、全カナダ日系人協会（NAJC）の会長を務め、日系人の名誉回復運動などを通して多文化社会カナダの形成に尽力した故Gordon Kadota氏をはじめ、今日まで日本とカナダとの交流を支えてくださった先達に、そしてまた、今後の交流をさらに進めてくださる将来のリーダーの方々に捧げます。

　本書はおもに学生向けのテキストとして企画されたものですが、同時にカナダに関心をもつ多くの方に手にとっていただき、カナダという国の、さらにはカナダ研究のおもしろさにふれる機会となることを願っています。本書がカナダという、実に複雑な国を理解する一助になれば幸いです。

　なお、本書の出版に際し、関西学院大学出版会の田中直哉さんと辻戸みゆきさんにはたいへんお世話になりました。末筆ながら、この場をお借りしてお礼を申し上げます。

2020年3月

編者一同

目　次

序 章

カナダ研究序説

水戸考道

　本書ではカナダを総合的に理解するために、この広大で多様な若い国のさまざまな側面を学際的に分析する。今日、カナダと日本はともに自由主義と民主主義を提唱する立憲君主国として多くの価値観を共有している。2か国間貿易のみならず、投資や人的交流を積極的に行っている。アメリカ合衆国におけるアメリカ・ファースト政策やイギリスのBrexitが証左しているように、世界各地で自己中心の復古的な重商主義的政策が進展している。こうした国際情勢下で、日加両国はともに自由で開放された国際市場と世界秩序を求め、また、貧困や環境汚染など国際社会が抱える多くの課題を協働で解決するために、国際連合や国際機関あるいはG7先進国サミットの主要構成員として協力関係を密にしている。その結果、お互いに最も友好な国として2か国間外交関係は、日ごとに緊密になっている。

　両国は2018年に日加修交90周年を祝った。それは、日本の在カナダ公使館の1928年の設立そして、カナダによる在日公使館の1929年の設立により始まった両国の外交関係を記念するものであった。

　しかしながら、両国の間にはさらに深い人的交流がある。今日カナダとなっている地域出身の青年、ラナルド・マクドナルドが漂着を装って、長い間彼が憧れた国、江戸時代の日本に1848年に到着したのが日加交流の始まりである。彼は、先住民の血を受けた母とスコットランド人の有能な毛皮

商人の父の間に生まれ、青年時代まで現在のカナダとアメリカ合衆国西海岸北部を行き来して過ごしたようだ。日本到着後、英語教師をするとともに、1853年にペリーが来航する頃までには日本語も堪能となり、日本の開国の際、通訳として大きな役割を果たした (Shannon 2012)。

　日本からは明治10年、すなわち1877年に長崎出身の永野万蔵がカナダに移住して以来、多くの人々が貧困からの自由を求め、ブリティッシュコロンビア州を中心に出稼ぎ労働者として行くようになった。第一次世界大戦の始まる直前の1910年までには、その数は1万7000人台になる。これは、19世紀中頃からゴールドラッシュやその後のカナダ大陸横断鉄道の建設のために臨時労働者としてカナダに移住した中国人を上回る勢いであった。当時の同州の人口が5万人前後であったことを考慮するならば、両国からの移民はその64％に達し、現地社会では地元の労働者以上に安い賃金で働く東洋人に対する反発が強まっていった。

　一方、開国以来、両国間の貿易が増加し、第一次世界大戦が終了した頃には、日本はカナダにとって世界で3番目に重要な貿易相手となっていた。カナダは、1867年にドミニオンとして本国から自治権を得るが、1926年の帝国会議でバルフォア宣言が採択されて初めて自主外交権を獲得した。これは1931年のウェストミンスター憲章によって成文化される。カナダの東京での公使館の設立は、アメリカ合衆国、フランスに次いで3つ目である。このことからも当時、カナダにとって日本がいかに重要であったかが察せられるが、その使命は貿易の進展とともに、この日本からの移民を紳士的に解決することにあった。

　この公使館設立に先立ち、多くのカナダ人が宣教師として渡日し、日本各地で宣教活動を行うとともに、関西学院など多くの学校や孤児院などを設立運営し、日本の若者の教育などの支援を通して日本の近代化に大きな影響を与えた。しかし第二次世界大戦開戦直前、両国関係は悪化し、日本にいた多くのカナダ人は、その意思に反して帰国せざるを得なくなった。と同時に、日本による真珠湾奇襲により、カナダは日本に戦争宣言して敵国となった。カナダにいた日本人や日系カナダ人は財産も市民権も失い、自

分の選択で帰国するか、とどまった場合には敵国人として強制収容所に隔離されることとなった。戦後、両国関係は再出発するが、多くの日系カナダ人はその後もしばらく市民権を回復できず、回復後も旧敵国人として多難な人生を強いられた（**第9章**参照）。

　日本の奇跡的な戦後復興と経済成長により、1960年代以降、日本の存在感が世界的に高まると、カナダにおける対日イメージは次第にポジティブなものに変化した。21世紀に入ってすでに20年も経過した今日、質の高い日本製品やスシ・ラーメン・居酒屋あるいは日本の大衆文化を通して、日本はカナダ人にとってなじみのある友好国となっている。また、日本政府が推進しているワーキングホリデーやThe Japan Exchange and Teaching (JET) プログラムにより、多くのカナダ人が日本中の小中学校や地方自治体などで長年活躍している。2019年度のJETプログラムだけでも、557名のカナダの青年が日本各地で活動し（The Japan Exchange and Teaching Programme 2019）、日本通となりつつある。

　しかしながら日本人の間では大切な相棒、カナダに関する理解はあまり浸透していない。多くの人は、日本国内で使われている住宅の木材や味噌・醤油あるいは豆腐の原料の多くがカナダから輸入されていることは何となく理解している。しかしカナダという国や文化・社会・政治あるいはその国民に関しては、お隣の大国アメリカ合衆国やアメリカ人に似ているのではないかと勝手に想像しているようだが、真の理解をしているとはいえない。逆に、もしカナダ人が、日本人を中国人あるいは韓国人・北朝鮮人と同様な国民性や文化をもつ人々であると思い込んで接触・交流したのなら我々はどう感じるであろうか。日加交流や異文化理解はスムーズには行かなくなるであろう。

　そこでカナダを総合的に理解するために、本書はさまざまな学問領域の専門家による分析を提供している。なお、英語とフランス語を公用語とするカナダでは、地名や団体名などの固有名詞には英語とフランス語とで発音の異なるものが存在するが、本書では日本での通用の度合いを考慮し、原則として英語の発音に準じて示すことを断っておく。まず第1章では、

地理学の視点からカナダの国土と諸地域の特色を概観する。カナダは巨大
な国であり、国土面積はロシアに次ぐ世界第2位である。三方を海に面し、
しかも北極海を中心に5万を超える島を有するため、海岸線の総延長は世
界第1位である。カナダは10州および3つの準州から構成され、自然環境
の違いに加え、複雑な過程を経て形成されたことから、さまざまな点で地
域差がみられる。たとえば人口では、オンタリオ州が1300万を超える一
方、大西洋沿岸諸州はいずれも100万に満たない。また、英語とフランス語
を公用語としているが、フランス語を母語とする人口は東部に集中してい
る。経済面では、オンタリオ州とケベック州に製造業が集積する一方で、ア
ルバータ州には石油関連産業が集積し、近年人口増加が著しい。

　第2章では、下記のようなことを明らかにする。すなわち、カナダでは、
早くから中核地域として発展したオンタリオ州とケベック州の人口規模が
大きく、西部諸州では20世紀に入って急激な人口増加を経験した。一方、
大西洋沿岸諸州では19世紀後半以降急速に周辺化が進み、人口増加が緩慢
である。他の先進諸国と同様、現代のカナダでは高齢化が進行している。
合計出生率は人口置換水準を大きく下回り、最近の人口増加は移民によっ
て支えられている。カナダ人の大部分は都市に居住し、都市の多くはアメ
リカ合衆国との国境に近い南部に立地している。とくに、オンタリオ州南
西部からセントローレンス川沿岸地域にかけてはケベック・ウィンザー回
廊と呼ばれるカナダ屈指の都市地域となっている。

　続いて第3章では、社会学の観点から、現在のカナダ社会の多様性を生み
出しているカナダの移民政策とそのプログラムの特徴、そして移民の受け
入れによって多様化する社会の共生の課題などについて論じる。その際、
ターバンとニカブという移民の宗教的シンボルの受け入れをめぐる社会的
論争を紹介する。多様性をめぐって、日常的に新たなアイデンティティの
形成や社会的包摂の線引きの交渉を続けるカナダ的アプローチのユニーク
さについて学んでいく。

　第4章では、カナダの舞台芸術を考察する。舞台芸術は日常生活から解
放してくれる娯楽と思われるかもしれないが、それが創造された国の社会

的課題や世相を反映していることが多い。そこで本章ではカナダの二大文化圏、すなわちフランス語圏と英語圏の舞台芸術を歴史的に分析し、その特徴を抽出することによってカナダの文化と社会に関する理解を深める。

　第5章では、封建社会から近代社会へと脱皮して間もない日本において、カナダがいかに教育の近代化に貢献したのか、事例研究を行っている。事例として取り上げ、考察したのはカナダ人宣教師C. J. L. ベーツが20年にわたり院長を務めた関西学院である。日本とカナダの両国政府は、1928年1月、外交関係の開設に合意した。しかし、日本の一私学である関西学院とカナダの関係の始まりは、これより古く、1910年に遡る。さらに、キリスト教を通して両国の交流を考えると、カナダのメソヂスト教会が日本に初めて送り出した宣教師であるD. マクドナルドとG. コクランが横浜に到着した1873年6月30日にまで遡ることができる。カナダの教会が経営に参画していた関西学院の戦前の歩みをふりかえることにより、日加修交樹立前からカナダ人が日本の社会の発展に大きく寄与してきたことが判明するであろう。なお、本書では『関西学院百年史』にしたがって、歴史的記述では「メソヂスト」と表記する。

　多くの日本人にはカナダとアメリカ合衆国の相違がわかりにくいかもしれない。大きな違いのひとつは、カナダとアメリカ合衆国とを合わせて北アメリカにある60州のなかで唯一、フランス語のみを公用語と定めているケベック州がカナダにはあるということである。北アメリカでは英語が国語と思われているかもしれないが、ケベックは約700万人のフランス系住民が集中している一大フランス語文化圏である。それを形成した人々の歴史や文化・社会を理解することなしには、カナダ理解はあり得ない。

　そこで第6章では、ケベック州がフランス語社会であることに着目して、その文化の形成過程をたどる。そのためにケベック州の独自の食文化に焦点を当てる。とくに伝統料理は、ケベックの厳しい冬を乗り越える知恵にあふれている。ケベックの伝統料理は、17世紀におもにフランス北部の港から北アメリカ大陸に渡ってきた開拓移民の女性たちによってもたらされた調理法と、北アメリカの先住民との友好関係によって知り得たセント

ローレンス川周辺の食材とで構成され、今日の家庭に伝えられている。本章では、特徴的なケベックの食材で、日本でもよく知られるメープルシロップの視点から、ケベック州の歴史と文化について考察する。

続いて第7章では、さらにケベック理解を深める。本章では、最初にカナダに入植したにもかかわらずイギリス系に征服されたケベックのフランス系住民が「フランス語憲章」を制定し、「生き残り」から積極的なフランス系文化の開花をめざすナショナリズムへと変貌を遂げた独自の歴史をたどる。さらに近年の社会の多民族化と多元化を背景に、トランスカルチュラリズムにみられるように、カナダ英語圏とは異なる新しい共存を模索するケベックの歩みと変容する社会を映し出す文学や芸術にも注目する。

第8章ではカナダの憲法と司法制度の特徴を分析する。国の統治組織および人権を定めるカナダの憲法として重要なものは、1867年英領北アメリカ法（1867年憲法）および1982年憲法である。これらには連邦議会と州議会の権限、権利と自由の憲章、先住民の権利などに関する規定が存在するが、連邦議会と州議会の権限の分配について判例ではどのような解釈がされているかを明らかにして、カナダにおける連邦制の枠組みを浮き彫りにする。また、1982年憲法の特徴のひとつとして、人権憲章の適用除外規定が設けられている点が挙げられるが、これには裁判所と議会の対話を促す機能があるといわれている。さらに本章では、司法制度における連邦の裁判所と州の裁判所の複層的なシステムを概説したうえで、カナダ特有の最高裁への照会制度についても解説する。また近年、裁判官の任命に関して透明性を高める改革が進められており、注目される。

次に国際関係論の観点からカナダについての理解を深める。まず第9章では、太平洋を隔てた隣国として、また、G7や環太平洋経済連携協定（TPP）をはじめとするさまざまな国際組織でパートナーとして協力関係を築いている日本とカナダの2か国間関係を考察する。90年にも及ぶ日加関係は、第二次世界大戦で一度途切れた。多くのカナダ兵が香港で日本軍の捕虜となって不適切な扱いを受けた一方、カナダに住む日本人移民は人種差別を受け、収容所に強制収容されるなどの苦難を味わった。戦後、日加

貿易は大きく発展し、姉妹都市協定、就労プログラムや交換留学といった人と人との交流も盛んになった。この分析によれば、21世紀に入り日加関係の最大の課題は、両国間には大きな外交問題もなく平穏であるゆえに日加関係が関心を集めることは少なく、互いの関心をいかに高めるかということである。

　第10章では国連平和維持活動（PKO）の起源と発展からカナダの対外活動を考察する。カナダは国連PKO創出の父である。1956年のスエズ危機において、当時のカナダ外相レスター・B・ピアソンが現在の国連PKOのモデルとなる国連緊急軍を提唱し、実現させた。以来、カナダは積極的に国連PKOに参加し続けたが、1990年代、冷戦の終結とともに複雑化した国連PKOでさまざまな困難に直面した。そして、カナダ政府の財政赤字による国防費削減もあいまって、カナダの国連PKOへの貢献は低下していった。2015年に就任したジャスティン・トルドー首相は、国連、平和主義、多国間協調を重視するカナダ外交を復活させることを公言しており、カナダが再び国連PKOで活躍することも重要な外交政策のひとつと位置づけている。国連PKOは、アメリカ合衆国と軍事同盟を結ぶ一方、国連中心主義、平和外交を展開している日本とカナダが2か国間関係を超えてお互いに協力できる重要な分野のひとつであるといえよう。

　続いて第11章では、カナダの社会と政治を比較政治の観点から考察する。その焦点は、カナダの特徴とそれを支える政治理念や思想、そしてそれに規定されてつくられた政治制度とそこから出てくる政府の政策や行動である。この分析により、次のようなことが判明するであろう。まず、カナダとアメリカ合衆国は、自由主義や連邦制など共通面がある一方、公共医療制度の有無や社会福祉政策の充実度などに大きな違いもある。逆に、日本とカナダは、一見まったく違うかけ離れた国にみえるが、両国には、立憲君主制と議院内閣制を柱とする民主制を支える多くの共通の政治理念がある。

　もちろんカナダと日本には大きな違いもある。そのひとつは、カナダでは平等という民主主義の大原則を徹底するために、それぞれの立場や環境にあった施策が有効であると考えられ、その運用の手段として連邦制を採

8

用している。これに対し、日本では中央集権的な政治制度を中心に、均一政策でもって国民一人ひとりに同じ政策を提供することによって平等を達成しようとしている。とくに教育制度などの運用をみてみると、日本は子弟に同じカリキュラムで平等に学ぶ機会を与えようとしている。これに対してカナダは州ごとに別な教育制度を運営することによって、それぞれの地域の多様なニーズに対応することで平等を確保しようとしている。すなわち同じ教育権を徹底するにあたり日本では比較的同質的社会を反映し、またカナダでは多民族・多文化社会を反映している。両国の政策は、分野によっては一見同じようにみえるが、その実施過程などに大きな相違がみられる。

第12章はマッケンジー・クラグストン元駐日カナダ大使が関西学院大学に特別任期制教授として着任した時の特別公開講演を翻訳したものである。本章ではカナダ人を両親として日本で生まれ育った同氏が、どのように日本やカナダとかかわってきたのか、また自分の境遇や日本を、そしてカナダをいかに理解し、外交官という職業で生かそうとしてきたのか回想している。この特別寄稿は、同氏の個人というミクロ・レベルから、戦後の日本とカナダの関係と今後の展望について新たな視野を提供している。

本書のタイトルは『総合研究カナダ』であるが、これは総合的にカナダについて学ぶための第1巻である。さらに総合的に学ぶためには、カナダ史や経済論、経営論、大衆文化論、教育学などさらに多角な視野からの考察が必要であるが、本書はそのための第1歩となれば幸いである。千里の道も一歩のスタートから始まるのである。

引用文献

Shannon, A. (2012) *Finding Japan: Early Canadian Encounters with Asia.* Heritage House Publishing.
The Japan Exchange and Teaching Programme (2019)「国別参加人数」
　　　　http://jetprogramme.org/wp-content/MAIN-PAGE/intro/participating/2019_jetstats_j.pdf（最終閲覧日：2019 年 8 月 30 日）

第1章

カナダの国土と諸地域の特色

大石太郎

はじめに

　本章では、まずカナダの国土を概観し、自然環境の特徴を検討する。そのうえで、カナダを構成する州・準州の人口や社会経済的特徴に注目し、諸地域の特色を明らかにする。カナダは大西洋から太平洋にまたがる大陸横断国家であり、自然環境の違いはもちろんのこと、複雑な過程を経て形成されたこともあって、ときには同じ国とは思えないほどに、さまざまな点で地域差がみられる。したがって、カナダを総合的に理解するためには諸地域の特色をふまえることが不可欠である。

　そこで本章では、まず第1節において巨大な国土を具体的に紹介し、地形や気候に着目して自然環境の特徴を明らかにする。そして、第2節ではカナダの地域形成を簡潔に述べたうえで、州・準州の地域的特色をいくつかの基本的な指標にもとづいて検討する。

1 巨大な国土と自然環境

　カナダは、東西約5500キロメートル、南北約4600キロメートルに広がり、ロシアに次ぐ世界第2位の国土面積（約998万平方キロメートル）を誇る巨大な国である（**図1-1**）。カナダというと大陸というイメージが強いかもしれないが、東は大西洋、西は太平洋、北は北極海に面し、5万を超える島を有することもあって、海岸線の総延長は約24万3000キロメートルで世界最長である。また、アメリカ合衆国との国境線は約9000キロメートルに及び、世界最長の国境となっている。

図1-1　カナダの州と準州および主要都市の位置
州・準州の略称は表1-1（p. 16）を参照

　カナダは10の州と3つの準州で構成される（**図1-1、表1-1**）。10の州は東から順に、ニューファンドランド・ラブラドール州、プリンスエドワードアイランド州、ノヴァスコシア州、ニューブランズウィック州、ケベック州、オンタリオ州、マニトバ州、サスカチュワン州、アルバータ州、ブリティッシュコロンビア州である。3つの準州は西から順に、ユーコン準州、ノースウエスト準州、ヌナヴト準州である。これらのうち最も面積が大きいのはヌナヴト準州であり、州ではケベック州が最大である。ヌナヴト準州は大陸部分に加え、北極海に浮かぶ大小多数の島を含み、州都イカルイトのあるバフィン島は世界第5位の面積をもつ島である。逆に面積が最も小さい州は、『赤毛のアン』の舞台として知られるプリンスエドワードアイランド州であり、6000平方キロメートルに満たず、愛媛県とほぼ同じ規模である。

　McGillivray（2006）、Bone（2014）、大石（2017a）を参考にカナダの地形の特徴を概観しよう。カナダ東部は地質年代が古く、比較的なだらかな地形となっている。大西洋沿岸地域は古期造山帯に属するアパラチア山脈の延長であり、アメリカ合衆国内では2000メートル級の山々がつらなっているが、カナダでは最も高い地点でも1200メートル前後である。カナダの中央部にはハドソン湾を囲むように広い範囲にカナダ楯状地が広がっている。カナダ楯状地は約35億年前に生成された安定陸塊であり、北アメリカ大陸の安定した基盤となっている。受け皿と形容されるように周辺地域で標高が高く、ケベック州とラブラドール地方（ニューファンドランド・ラブラドール州の本土部分）の境界付近がカナダ東部では最も標高が高く、1600メートル級の山がつらなっている。また、カナダ楯状地南端のローレンシア高原は高いところで標高800メートル前後の山がつらなり、カナダ東部では数少ないスキーリゾートであるとともに、なだらかな高原を真っ赤に染める紅葉で日本人には秋のカナダ観光屈指の人気エリアである。カナダ楯状地は過去の氷河の浸食作用によって土壌が非常にやせており、農業に向いていない一方、森林資源や鉱産資源が豊富であり、資源を供給する役割を担ってきた。また、氷河の名残である湖も無数に存在する。それに対して、五大湖からセントローレンス湾に流れるセントローレンス川沿岸の

低地は五大湖・セントローレンス低地と呼ばれ、国土面積の2%にも満たないものの、土壌が肥沃でヨーロッパ人の入植初期から人口や産業が集積した。五大湖・セントローレンス低地には二大都市であるトロントとモントリオール、さらに首都オタワが立地し、現在に至るまでカナダの中核地域となっている。

　西部に目を向けてみよう。カナダ楯状地の西側には内陸平原が広がっている。とくに南部は土壌が肥沃で、現在では小麦や油脂の原料となる菜種の生産がさかんである。内陸平原は西に行くほど標高が高くなり、アルバータ州の州都エドモントンは標高が700メートルを超えている。さらに西に進むとロッキー山脈が南北に走り、アルバータ州とブリティッシュコロンビア州を隔てている。ロッキー山脈は北へ行くほど標高が高く、世界的な観光地となっているバンフ国立公園付近では4000メートルを下回っているが、ユーコン準州とアメリカ合衆国アラスカ州との国境付近で最も標高が高くなり、カナダ最高峰のローガン山（標高5959メートル）をはじめ、5000〜6000メートル級の山々がつらなっている。ロッキー山脈の西側は3000〜4000メートル級の険しい山の連続であり、ひたすら山を下るような感覚でフレイザー川沿いを西進して到達するのが、カナダ第三の都市ヴァンクーヴァーである。

　北緯40度以北に国土のすべてが位置するカナダの気候は冷涼である。北緯40度線は、日本では八郎潟の干拓地に形成された秋田県大潟村を通過していることをふまえると、カナダの位置が理解しやすいだろう。**図1-2**はハリファクス、**図1-3**はモントリオール、**図1-4**はウィニペグ、**図1-5**はヴァンクーヴァーの月平均気温と月降水量を示したものである。一般に大陸の東岸は西岸よりも冷涼であり、ハリファクス（北緯45度付近）の年平均気温が6.6℃なのに対して、北緯49度付近に位置するヴァンクーヴァーの年平均気温は10.4℃である。また、内陸部は沿岸部よりも寒暖の差が激しく、モントリオールでは最も暖かい7月の月平均気温が21.2℃、ウィニペグでは19.7℃である一方、最も寒い1月の月平均気温は、モントリオールがマイナス9.7℃、ウィニペグはマイナス16.4℃である。それに対して、モント

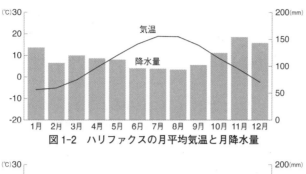

図 1-2　ハリファクスの月平均気温と月降水量

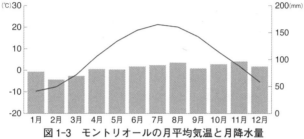

図 1-3　モントリオールの月平均気温と月降水量

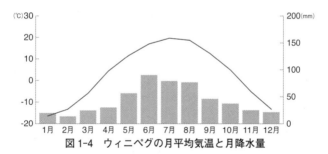

図 1-4　ウィニペグの月平均気温と月降水量

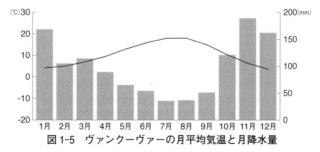

図 1-5　ヴァンクーヴァーの月平均気温と月降水量

図 1-2 から図 1-5 は、すべて Government of Canada の資料により作成
https://climate.weather.gc.ca/climate_normals/index_e.html（最終閲覧日：2020 年 1 月 5 日）

リオール（北緯45度付近）よりも高緯度に位置するヴァンクーヴァーの1月の月平均気温は4.1℃であり、大きな差がある。カナダ東部では長く雪に埋もれた冬を過ごすのに対して、ヴァンクーヴァーでは冬でも雨となる場合が多い。

　また、海洋性の気候となる沿岸部は内陸部より降水量が多く、北アメリカ大陸では東部が湿潤である一方、沿岸部をのぞく西部が乾燥しているという特徴がある。年降水量は海洋性を示すハリファクスが約1400ミリメートル、ヴァンクーヴァーが約1200ミリメートルなのに対して、内陸部に位置するモントリオールが約1000ミリメートル、ウィニペグでは約500ミリメートルとなっている。ヴァンクーヴァーは冬に降水量が多いのも特徴である。なお、日本では年降水量が1000ミリメートルを下回ると降水量が少ない地域とされ、梅雨のみられない北海道と、山に囲まれた中央高地（長野県や山梨県とその周辺）、中国山地と四国山地にはさまれた瀬戸内地方がそれに相当するが、カナダではモントリオールでも湿潤なほうに入る。一方、年降水量が500ミリメートルを下回ると人間が快適に過ごしにくく、農業には灌漑が必要になるのが一般的である。

2　諸地域の特色

　カナダは、北アメリカに形成されていたイギリス領諸植民地が1867年に連邦を結成して成立した自治領を基盤に発展した国家である。17世紀以降、現在のカナダの領域にはフランス人が入植していた。しかし、フランスとイギリスはヨーロッパにおける戦争と連動して北アメリカでも対立を続け、最終的に1763年のパリ条約（七年戦争の講和条約）によって、フランスは現在のカナダに存在した植民地をすべてイギリスに割譲した。1867年の連邦結成直前の時点で、現在のカナダ東部の領域には連合カナダ（現在のオンタリオ州南部およびケベック州南部）、ノヴァスコシア、ニューブランズウィック、プリンスエドワードアイランド、ニューファンドランドの各

植民地が存在していた。一方、現在のカナダ西部の領域は、毛皮交易のために1670年に設立されたハドソン湾会社の領土と認識され、設立当時に同社の重役を務めていたルパート王子にちなんでルパーツランドと呼ばれていた。また、西海岸では1858年にヴァンクーヴァー島を中心にブリティッシュコロンビア植民地が建設された。

　これらのイギリス領植民地のうち、連合カナダ、ノヴァスコシア、ニューブランズウィックが英領北アメリカ法によって1867年7月1日に連邦を結成し、オンタリオ州、ケベック州、ノヴァスコシア州、ニューブランズウィック州からなるイギリスの自治領が成立した。これをコンフェデレーション（以下、連邦結成）といい、7月1日はカナダ・デーという実質的な建国記念日として祝われている（**コラム9「首都オタワのカナダ・デー」**参照）。なお、このとき成立した自治領の外交と軍事の権限は引き続きイギリスが握っており、それらの権限がカナダにもたらされるのは、カナダを含むイギリス帝国支配下の自治領や植民地が大きな犠牲を払った第一次世界大戦後になってからのことであった。

　その後、連邦政府はルパーツランドを買収してノースウエスト準州とし（1898年にユーコン準州が分離）、そのうち現在のウィニペグを中心とする地域が1870年にマニトバ州として連邦に加入し、続いて1871年にブリティッシュコロンビア、1873年にプリンスエドワードアイランドが連邦に加入した。大陸横断鉄道の敷設を契機に開発が進んだ西部では、1905年にサスカチュワン州およびアルバータ州が成立した。さらに、第二次世界大戦後の1949年には住民投票の結果、ニューファンドランドが連邦に加入し、現在の版図となった（2001年にニューファンドランド・ラブラドール州と改称）。そして、1999年にヌナヴト準州がノースウエスト準州から分離し、現在の10州3準州の体制となった。なお、成立の経緯や社会経済的特徴に着目した地域区分では、プリンスエドワードアイランド、ノヴァスコシア、ニューブランズウィックの3州を沿海諸州（ニューファンドランド・ラブラドール州を含むと大西洋沿岸諸州）、マニトバ、サスカチュワン、アルバータの3州を平原諸州（ブリティッシュコロンビア州を含むと西部諸州）という。

表 1-1　カナダの州・準州の基本的指標（2016年）

州・準州（略称）	面積 (km²)	人口 (千人)	65歳以上 人口の割合 (%)	仏語を母語 とする人口 の割合(%)	英語と仏語 を話す人口 の割合(%)	州内総生産 (GDP) （百万ドル）
ニューファンドランド・ラブラドール(NL)	405,212	520	19.4	0.5	5.0	28,900.9
プリンスエドワードアイランド（PE）	5,660	143	19.4	3.5	12.7	5,539.9
ノヴァスコシア（NS）	55,284	924	19.9	3.3	10.5	36,929.9
ニューブランズウィック（NB）	72,908	747	19.9	31.8	33.9	30,527.1
ケベック（QC）	1,542,056	8,164	18.3	78.9	44.5	356,393.8
オンタリオ（ON）	1,076,395	13,448	16.7	3.8	11.2	705,844.5
マニトバ（MB）	647,797	1,278	15.6	3.3	8.6	60,889.4
サスカチュワン（SK）	651,036	1,098	15.5	1.4	4.7	75,256.7
アルバータ（AB）	661,848	4,067	12.3	1.8	6.6	311,694.0
ブリティッシュコロンビア（BC）	944,735	4,648	18.3	1.3	6.8	230,014.3
ユーコン準州（YT）	482,443	36	11.9	4.5	13.8	2,540.6
ノースウエスト準州（NT）	1,346,106	42	7.7	2.9	10.3	4,596.4
ヌナヴト準州（NU）	2,093,190	36	3.8	1.7	4.3	2,379.5
カナダ全土	9,984,670	35,152	16.9	21.1	17.9	1,852,203.5

Statistics Canada の資料により作成
仏語を母語とする人口の割合は単一回答のみの数値である。

　さて、州・準州の基本的指標を示した**表1-1**にもとづいて、地域的特色を検討しよう。まず、カナダでは州・準州によって人口規模が著しく異なる。人口が最も多いのは中央部に位置するオンタリオ州であり、1300万を超えている。オンタリオ州に次ぐのはケベック州であり、この2州でカナダ全土の人口のほぼ6割を占める。オンタリオ州とケベック州は早くからカナダの中核地域として発展し、現在でも重要な地位を占めている。たとえば、小選挙区制で実施される連邦下院議員の選挙では、これらの州で議席を十分に確保することが政権獲得に不可欠である。次いで人口規模が大きいのは、第三の都市ヴァンクーヴァーを擁する最西端のブリティッシュコロンビア州と、石油関連産業の発展が著しいアルバータ州であり、いずれも400万を超えている。一方、大西洋沿岸諸州は全体的に人口規模が小さく、いず

れも100万に満たない。ただし、ニューファンドランド・ラブラドール州を
のぞくといずれの州も面積が比較的小さいので人口密度は高く、プリンス
エドワードアイランド州の人口密度はカナダの州・準州のなかで最も高い。
また、北緯60度以北に位置する3準州は人口規模が非常に小さく、人口密
度も低い。なお、大都市の分布をみてもわかるように（**第2章**参照）、カナダ
ではアメリカ合衆国との国境に近い南部に人口が集中している。

　また、先進国に共通する課題である人口の高齢化はカナダでも進んでい
る。カナダのように移民を多く受け入れてきた国では高齢化の進行は比較
的ゆるやかとはいえ、65歳以上人口の割合はカナダ全土で16.9％に達して
いる。高齢化にも地域差がみられ、ケベック州と大西洋沿岸諸州では高齢
化の進行が早く、超高齢社会とされる21％にかなり近づいている。一方、
人口増加の著しいアルバータ州の65歳以上人口の割合は12.3％にとど
まっているのをはじめ、平原諸州は比較的低い水準となっている。また、北
部の3準州のうち、若年層の多い先住民の割合が高いノースウエスト準州
とヌナヴト準州では65歳以上人口の割合がとくに低い。

　カナダの州・準州は文化的にも差異が大きい。たとえば、カナダでは英語
とフランス語を公用語としているが、それぞれの言語を母語とする人口が
均等に分布しているわけではなく、フランス語を母語とする人口はケベッ
ク州に集中している。ケベック州ではフランス語を母語とする人口が州人
口の約8割を占め、フランス語を中心とする社会が形成されており、地域意
識が非常に強く、1960年代から近年までカナダからの分離・独立を求める
動きが非常に活発であった（**第6章、第7章**参照）。ただ、カナダにおいてフ
ランス語を母語とする人々が居住しているのはケベック州だけではないこ
とも確認しておきたい。ケベック州の東に隣接するニューブランズウィック
州では州人口の約3割がフランス語を母語としており、ニューブランズ
ウィック州は英語とフランス語の両方を公用語とする唯一の州となってい
る。ニューブランズウィック州とノヴァスコシア州、プリンスエドワードア
イランド州に居住するフランス語話者は、歴史的経緯からアカディアンと
呼ばれ、ケベック州のフランス語話者とは異なるアイデンティティをもって

いる。また、オンタリオ州ではフランス語を母語とする人口の割合は約4％にとどまっているが、実数ではニューブランズウィック州を大きく上回り、おもにケベック州との境界地域や北部に居住している。さらに、規模は小さいながらもマニトバ州やサスカチュワン州にもケベック州からの開拓移民を起源とするコミュニティがあり、1969年制定の公用語法によってカナダ全土の連邦政府機関でフランス語によるサービスが義務づけられたことなどを背景に、カナダ全土にフランス語話者が居住している（大石 2017b）。

　フランス語を母語とする人口の割合と同様に、英語とフランス語の両方を話す人口の割合も、州・準州によって大きく異なる。カナダ全土では17.9％であり、21世紀に入ってからは17％前後で推移している。最も割合が高いのはケベック州（44.5％）であり、ニューブランズウィック州（33.9％）が続いている。一方、その他の州・準州では15％を下回る水準である。つまり、フランス語を母語とする人口が多い州において、英語とフランス語の両方を話す人口が多い。なぜなら、一般に少数派の言語を話す人々が多数派の言語を習得して二言語話者になるからである。カナダもその例外ではなく、カナダ全土ではフランス語話者がつねに少数派であり、彼らが英語を習得して二言語話者となることがふつうであった。現代のカナダではフランス語を母語としない者がフランス語を習得することは珍しくないものの、二言語話者の多くがフランス語を母語としていることは現在でも大きく変わっていない。なお、ニューブランズウィック州ではフランス語を母語とする人口の割合と英語とフランス語の両方を話す人口の割合が拮抗するのに対して、ケベック州では英語とフランス語の両方を話す人口の割合がフランス語を母語とする人口の割合と比べてかなり低い。これは、ケベック州ではフランス語話者が多数派であり、州内のほとんどの地域ではフランス語のみで生活することが十分可能だからである。

　最後に、経済面に着目して地域的特色を検討しよう。**表1-2**はカナダにおける産業別就業者の割合を示したものである。これによると、カナダは19世紀後半の農業中心の社会から20世紀の工業化の時期を経て、サービス業に従事する者が多数を占める脱工業化社会の段階にある（Bone 2014）。

表1-2　カナダにおける産業別就業者の割合（1881−2011年）

単位：%

発展段階	年	第一次産業	第二次産業	第三次産業
農業社会	1881	51	29	19
初期工業社会	1901	44	28	28
後期工業社会	1961	14	32	54
脱工業化社会	2011	4	19	77

Bone（2014：160）による

表1-3　カナダの諸地域における産業別就業者の割合（2011年）

単位：%

	第一次産業	第二次産業	第三次産業
オンタリオ	1.9	19.2	78.9
ケベック	2.3	19.1	78.6
ブリティッシュコロンビア	2.9	16.8	80.3
平原諸州	9.3	17.2	73.5
大西洋沿岸諸州	5.1	15.8	79.1
北部準州	13.0	2.0	85.0
カナダ全土	3.7	18.3	78.0

Bone（2014：18）による

　こうした産業構造の変化は多くの先進国で同様に観察されるものであるが、やはり地域差がみられる。**表1-3**は、カナダの州・準州を成立の経緯や社会経済的特徴に着目して6つの地域に区分し、それぞれの産業別就業者の割合（2011年）を示したものである。これによると、全体として第三次産業の就業者の割合が高いことに違いはみられないものの、早くからカナダの中核地域となってきたオンタリオ州とケベック州において第二次産業（おもに製造業）の就業者の割合が他地域よりも比較的高い。たとえば、自動車（完成車）の工場はオンタリオ州にのみ立地しているし、小型飛行機のメーカーとして世界的に知られるボンバルディアはケベック州を本拠地としている。一方、平原諸州は第一次産業の就業者の割合が他地域と比較するとかなり高い。第一次産業は一般には農林水産業のことであるが、カナ

ダの分類では鉱業も含まれる。平原諸州は小麦や菜種の大産地であること
に加え、アルバータ州ではオイルサンドの埋蔵量が多く、石油関連産業の
集積が進んでいる。また、人口規模の小さい大西洋沿岸諸州では連邦結成
以降、連邦政府によるオンタリオ州やケベック州に有利な経済政策を背景
に周辺化が進み、製造業の集積は限定的である。第一次産業では、プリンス
エドワードアイランド州やニューブランズウィック州北西部においてジャ
ガイモの生産がさかんであり、カナダを代表する冷凍食品大手のマケイン
はニューブランズウィック州に本社がある。カナダでは比較的温暖なノ
ヴァスコシア州アナポリスヴァレーはリンゴをはじめとする果実の産地と
して知られ、小規模ながらワイナリーも多い。また、大西洋沿岸諸州では以
前から水産業がさかんであり、ロブスター漁のほか、最近ではホタテの養
殖などが中心となっている。ニューファンドランド島ではかつてタラ漁に
極度に依存した経済が営まれてきたが、技術革新によって伝統的なタラ漁
が崩壊し、さらに資源の枯渇もあって1992年から2年間の禁漁を余儀なく
された。資源の回復は芳しくなく、国土の縁辺部に位置することもあって、
ニューファンドランドの経済は停滞が続いている。なお、州内総生産
(GDP) は人口規模をかなりの程度反映しているが、平原諸州のGDPは人
口規模に対して比較的大きく、人口規模では半分程度にすぎないアルバー
タ州がケベック州に肉薄している (**表1-1**)。

引用文献

Bone, R. M. (2014) *The Regional Geography of Canada*, 6th ed. Oxford University Press.

McGillivray, B. (2006) *Canada: A Nation of Regions*. Oxford University Press.

大石太郎 (2017a) 「カナダの地勢——歴史の舞台」細川道久編『カナダの歴史を知るための50章』明石書店、pp. 20-25.

大石太郎 (2017b) 「フランス系移民—— 400年を超える歴史」細川道久編『カナダの歴史を知るための50章』明石書店、pp. 248-253.

第2章

カナダの人口と都市

大石太郎

はじめに

　本章では、まずカナダの人口を概観し、その特徴を明らかにする。そのうえで、カナダ人の大部分が生活の場としている都市に注目し、とくに都市の立地の特徴を検討する。カナダの人口は偏在しており、それはカナダの発展過程を反映している。一方で、人口の変化は今後のあり方を予測する鍵でもあり、人口の動向を理解することは重要である。また、都市の立地もカナダの発展過程を反映しており、カナダを総合的に理解するためには都市の特徴をふまえておく必要がある。

　そこで本章では、第1節においてカナダの人口を州ごとの違いにも注意を払いながら検討し、さまざまな観点からその特徴を明らかにする。第2節ではカナダの都市をセンサス都市圏を中心に紹介し、とくに都市が集中するオンタリオ州やケベック州の都市の特徴を検討する。

1 カナダの人口

　まず、連邦結成以降の人口の推移をみてみよう（**図2-1**）。連邦結成以降、最初に国勢調査が実施されたのは1871年である。1871年のカナダ全土の人口は約369万であり、地域別にみると、最も多いオンタリオ州が約162万、次いでケベック州が約119万、大西洋沿岸諸州が約77万であり、この年にカナダに加入したブリティッシュコロンビア州を含め、西部と北部準州の人口は合わせて約10万にすぎなかった。その後、カナダの人口は順調に増加を続け、1931年の国勢調査において1000万を超えた。ただ、人口増加の地域差は大きく、連邦結成以前からイギリス領植民地としての長い歴史をもつ東部では、オンタリオ州とケベック州の人口が順調に増加するのに対して、大西洋沿岸諸州の人口増加は非常に緩慢であり、とくに1891年から1901年にかけて、あるいは1921年から1931年にかけてはほぼ横ばいで

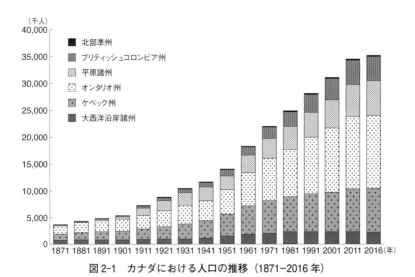

図2-1　カナダにおける人口の推移（1871-2016年）

Statistics Canada の資料（1871－2011年）および Census of Canada 2016（2016年）により作成
https://www150.statcan.gc.ca/n1/pub/11-402-x/2012000/chap/pop/tbl/tbl01-eng.htm（最終閲覧日：2019年2月13日）
1971年以前および2016年は国勢調査、1971年から2011年までは各年7月1日現在の推計にもとづく数値。

ある。なかでも、プリンスエドワードアイランド州では1891年の約10万
9000から1931年には約8万8000まで減少している。西部に目を向けると、
平原諸州は20世紀に入って急激な人口増加を経験し、早くも1911年には
大西洋沿岸諸州の人口を超えた。ブリティッシュコロンビア州は、1891年
時点ではノースウエスト準州とほぼ同じ規模にすぎなかったが（この時点
では現在のサスカチュワン州とアルバータ州が後者に含まれている）、や
はり20世紀に入って急速に人口が増加した。一方、北部の準州は19世紀末
にゴールドラッシュを経験して一時的に人口が増えたが20世紀に入ると
低迷し、本格的な開発が始められる20世紀後半まで大きな人口増加はみら
れなかった。

　20世紀前半に大西洋沿岸諸州において人口増加が緩慢であったのには
以下のような背景がある（McGillivray 2006）。大西洋沿岸諸州は植民地時
代の19世紀に木材をイギリスに供給する役割を果たし、沿岸部では造船業
も発展した。しかし、帆船から蒸気船の時代に変わったことや、経済的なつ
ながりの深かったカリブ海地域の経済が砂糖価格の暴落によって20世紀
初頭に崩壊したこと、さらには連邦政府がオンタリオ州やケベック州に有
利な経済政策をとったことなどにより、大西洋沿岸諸州では急速に周辺化
が進み、深刻な人口流出を経験した。一部の人々は、産業革命が進むアメリ
カ合衆国のニューイングランド諸州の工業都市に移住した。移住者にはフ
ランス系住民も多く、言語や宗教が主流派と異なる彼らは、ケベック州か
らの移住者と同様に移住先の都市で集住地域を形成した。その際、姓を英
語風に改めることもあり、たとえばニューブランズウィック州に多いルブ
ラン（LeBlanc）姓をもつ人の一部は、同じ白という意味のホワイト（White）
姓を名乗るようになった。現在では英語への同化が進んだものの、フラン
ス系アメリカ人というアイデンティティは継承されている。

　カナダの人口はその後も順調に増加を続け、1971年に2000万を、2001年
に3000万を突破し、2016年国勢調査では3500万を超える人口を記録した。
ただし、依然として地域差は大きく、大西洋沿岸諸州では、1992年のタラ
の禁漁以降経済停滞の続くニューファンドランド・ラブラドール州におけ

る人口流出の影響もあって、1991年以降ほとんど変化がみられない。ま
た、オンタリオ州とケベック州の人口の差は、1961年には100万未満で
あったが、その後拡大の一途をたどり、2016年には500万を超えた。オンタ
リオ州には1300万を超える人々が居住し、カナダ全人口の約4割が集中し
ているが、なかでもオンタリオ湖、ヒューロン湖、エリー湖に囲まれた南オ
ンタリオにとくに集中している。一方、西部では20世紀後半以降も急速な
人口増加が続いているが、とくにアルバータ州とブリティッシュコロンビ
ア州において著しく増加した。1951年の時点ではアルバータ州とマニト
バ・サスカチュワン両州との差はそれぞれ10～15万程度にすぎなかった
が、2016年にはアルバータ州が約407万の人口を擁するのに対して、マニ
トバ州は約128万、サスカチュワン州は約110万であり、300万近い差と
なった。アルバータ州の人口は、第三の都市ヴァンクーヴァーを擁するブ
リティッシュコロンビア州（約465万）にも迫りつつある。

　次に、2016年国勢調査にもとづいて、年齢別人口構成を検討しよう。図

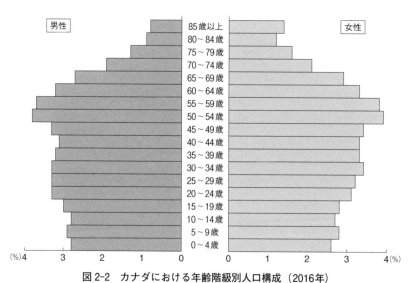

図2-2　カナダにおける年齢階級別人口構成（2016年）

Census of Canada 2016 により作成

2-2はカナダにおける年齢階級別人口構成を男女別に示したものである。これによると、50歳代が最も大きな割合を占めている一方で、10歳代以下の割合が他の年齢階級よりも小さくなっている。中央値は41.2歳であり、日本（46.7歳、2015年国勢調査）ほどではないにしても、カナダでも高齢化が進行しつつある。その一因は、日本と同様に少子化である。図2-3は、1951年以降のカナダにおける合計出生率を示したものである。合計出生率は合計特殊出生率とも呼ばれ、15歳から49歳までの女性の年齢別出生率を合計したものであり、一般に女性1人が生涯に生む平均子ども数と解釈される（人口学研究会編 2010）。図2-3によると、カナダにおける合計出生率は1959年の3.94をピークに急激に低下を始め、1972年には2を下回った。その後もゆるやかに低下を続け、1990年代前半と2000年代後半に若干上昇して1.7前後となった時期があるものの、最近では再び低下して2016年には1.54となった（Provencher et al. 2018）。すなわち、現代の先進国における人口置換水準（2.1前後）を大きく下回っている。また、女性の初産時

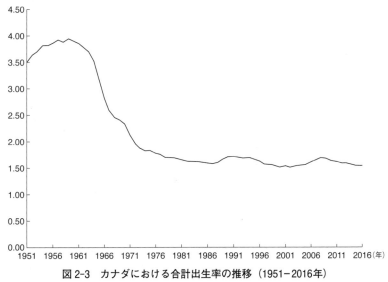

図2-3　カナダにおける合計出生率の推移（1951-2016年）

Provencher et al.（2018）により作成

の平均年齢は29.2歳であり（2016年）、日本（30.7歳、2016年）と比較すると
若干早いものの、カナダにおいても晩産化の傾向がみられる。なお、合計出
生率にも当然地域差がみられ、2016年において最も低いのはニューファン
ドランド・ラブラドール州とノヴァスコシア州の1.42であり、次いでオン
タリオ州の1.46である。一方、10州のうち最も高いのはサスカチュワン州
の1.93であり、それに次ぐのはマニトバ州（1.85）、アルバータ州（1.69）で、
平原諸州で比較的高い。準州を含めると最も高いのはヌナヴト準州の2.99
である。

　65歳以上人口の割合をみてみよう。2016年における65歳以上人口の割
合は16.9％であり、日本（26.6％、2015年国勢調査）と比較すると低い水準に
とどまっているが、徐々に上昇してきた。高齢化社会の目安とされる7％を
超えたのは1944年のことであり、2010年になって高齢社会とされる14％
に達した。65歳以上人口の割合が7％から14％に達する年数を倍加年数と
いい、高齢化のスピードを比較する指標となっているが、日本の24年に対

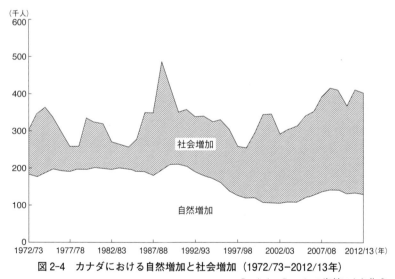

図2-4　カナダにおける自然増加と社会増加（1972/73−2012/13年）

Statistics Canada の資料により作成
https://www150.statcan.gc.ca/n1/pub/91-520-x/2014001/c-g/desc/desc2.4-eng.htm（最終閲覧日：
2019年2月17日）

してカナダでは66年を要したことになる。

　ところで、カナダでは他の先進諸国と同様に高齢化が進行しているものの、比較的ゆるやかになっている一因は外国からの移民である。もとより、カナダは古くから多くの移民を受け入れてきた国であるが、それでも1970年代から1980年代にかけての人口増加の多くは自然増加（出生数から死亡数を引いたもの）によるものであった（**図2-4**）。しかし、1980年代末以降、社会増加（国外からの転入者から国外への転出者を引いたもの）が自然増加を上回り始め、1990年代半ば以降は社会増加が自然増加をつねに上回り、近年では人口増加の3分の2を国外からの転入者が占めるようになっている。

　国外からの転入者には出生時からカナダ国籍をもつ者も若干含まれているが、大部分は移民である。移民の出身地は時代によって異なり、1980年以前にカナダに移住した人の半数以上はヨーロッパ出身者であった（**図2-5**）。しかし、1981年以降はアジア出身者とアフリカ出身者が多くなり、アジア出身者は1991年から2000年までの10年間で約88万、2001年から

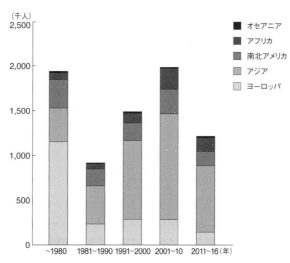

図2-5　カナダにおける移民の出身地の変化
Census of Canada 2016 により作成

2010年までの10年間では約118万を数えた。アフリカ出身者も2001年か
ら2010年までの10年間で約23万を数え、2011年以降は南北アメリカ出身
者を上回る勢いである。2016年国勢調査によると、外国生まれ人口は800
万を超えている。出生国別にみると最も多いのは中華人民共和国（香港、マ
カオをのぞく）で約75万人、次いでインドが約73万人、フィリピンが約63
万人であり、これらの国々からの移民は1990年代以降に急増している。ア
ジアをのぞく国で最も多いのはイギリスの約53万人であるが、そのほぼ3
分の2にあたる約35万人が1980年以前に移住している。

　移民の移住先をみてみると（**図2-6**）、かつてはオンタリオ州がその半数
以上を占め、ブリティッシュコロンビア州、ケベック州と続いていた。しか
し、2011年以降になると、オンタリオ州が最も多いことに変わりはないも
のの、その割合は大きく低下し、アルバータ州への移住者が増加している。

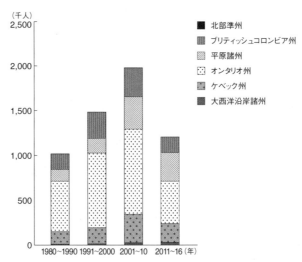

図2-6　カナダにおける移民の移住先

Census of Canada 2016 により作成
2016年時点の居住地で集計された数値であり、厳密にはカナダ入国時の移住先を示
したものではない。

2　カナダの都市

　現代のカナダは著しく都市化の進んだ国であり、全人口に占める都市人口の割合は81.3％に達している（2016年）。ただし、都市の定義は国によって異なるので、まずはカナダにおける都市の定義を確認しておこう。カナダの国勢調査では、名称には変遷があるものの、1000人以上が居住し、かつ人口密度が1平方キロメートルあたり400人以上の地域が都市とされてきた。カナダにおいて都市人口が非都市人口を上回るのは1921年から1931年の間であり、カナダが第一次産業を中心とする農業社会から工業化社会へ移行し始めた時期であった（Statistics Canada 2007, 2012）。それ以来、都市化はとどまることなく進行しているが、近年では10万人を超える大規模な中心地に人口がとくに集中している。

　都市の分布を検討しよう。ここでは、行政の単位としての都市ではなく、カナダ統計局が設定するセンサス都市圏（Census Metropolitan Area）に注目する。都市圏とは、一定の人口規模を有する地域の中心的な都市（中心都市）とその周辺領域で構成され、両者が機能的に強く結びついた地域として理解される領域のことをいう。都市圏に注目するのは、現代では都市住民の職住分離が進み、日常生活が行政域を超えて営まれており、中心都市に依存する郊外も一体として考える必要があるからである（山神 2013）。カナダの国勢調査では、5万以上の人口をもつ中心都市と周辺領域とを合わせた圏域人口が10万を超える場合に都市圏として設定される。都市圏域はおもに郊外から中心都市への通勤流動率を指標として設定され、カナダのセンサス都市圏の場合、最低100人の通勤者があり、かつ被雇用者の50％以上が中心都市に通勤していることなどが都市圏域設定の基準である（Statistics Canada 2018）。なお、カナダに限らず、都市圏の設定では通勤流動が指標とされやすい。というのは、通勤流動は買い物や娯楽などの流動と類似性が大きく、日常生活圏を代表すると考えられるからである（山神 2013）。

　さて、表2-1は2016年国勢調査で設定されたセンサス都市圏の諸指標を

表2-1　カナダにおけるセンサス都市圏の諸指標 (2016年)

順位	都市圏	州	人口 単位：人	人口増加率 (2011~2016年) 単位：%	人口密度 単位：人/km²	65歳以上 人口の割合 単位：%	仏語を母語とする 人口の割合 単位：%	非公用語を母語とする 人口の割合 単位：%	英仏両語を話す 人口の割合 単位：%	ヴィジブル・マイノリティ 人口の割合 単位：%
1	トロント	ON	5,928,040	6.2	1,003.8	14.5	1.2	44.6	7.9	51.4
2	モントリオール	QC	4,098,927	4.2	890.2	16.4	65.3	23.3	55.1	22.6
3	ヴァンクーヴァー	BC	2,463,431	6.5	854.6	15.7	1.1	43.2	7.1	48.9
4	カルガリー	AB	1,392,609	14.6	272.5	11.0	1.5	28.6	7.3	33.7
5	オタワ・ガティノー	ON/QC	1,323,783	5.5	195.6	15.0	31.4	18.4	44.8	21.6
6	エドモントン	AB	1,321,426	13.9	140.0	12.3	2.1	24.8	7.3	28.1
7	ケベック・シティ	QC	800,296	4.3	234.8	19.2	94.8	3.8	38.9	4.9
8	ウィニペグ	MB	778,489	6.6	146.7	15.4	3.6	25.2	10.4	25.7
9	ハミルトン	ON	747,545	3.7	544.9	17.9	1.4	21.8	6.5	17.7
10	キッチナー・ケンブリッジ・ウォータールー	ON	523,894	5.5	480.1	14.5	1.2	23.6	6.6	19.3
11	ロンドン	ON	494,069	4.1	185.6	17.1	1.2	18.1	6.8	16.1
12	セントキャサリンズ・ナイアガラ	ON	406,074	3.5	290.6	21.8	3.1	14.3	7.9	9.3
13	ハリファクス	NS	403,390	3.3	73.4	15.7	2.6	7.8	11.5	11.4
14	オシャワ	ON	379,848	6.6	420.3	14.6	1.8	12.1	7.3	17.2
15	ヴィクトリア	BC	367,770	6.7	528.3	21.1	1.7	13.5	10.1	14.1
16	ウィンザー	ON	329,144	3.1	322.0	17.2	3.0	22.8	10.4	20.5
17	サスカトゥーン	SK	295,095	12.5	50.1	12.8	1.4	17.5	6.2	17.1
18	リジャイナ	SK	236,481	11.8	54.7	13.6	1.1	16.6	5.9	17.7
19	シャーブルック	QC	212,105	4.9	145.3	19.4	90.0	5.3	43.6	5.8
20	セントジョンズ	NL	205,955	4.6	255.9	14.8	0.5	3.4	8.0	4.3
21	バリー	ON	197,059	5.4	219.4	14.3	2.0	10.4	6.5	9.0
22	ケロウナ	BC	194,882	8.4	67.1	21.4	1.6	11.7	6.7	7.8
23	アボッツフォード・ミッション	BC	180,518	6.1	297.3	16.3	0.8	28.8	4.6	29.1
24	グレーターサドバリー	ON	164,689	1.0	42.0	18.3	26.3	6.3	38.7	3.7
25	キングストン	ON	161,175	1.0	83.1	19.4	3.3	8.9	12.2	7.9
26	サグネー	QC	160,980	1.5	58.3	20.6	98.4	0.8	22.0	1.3
27	トロワリヴィエール	QC	156,042	2.8	150.0	22.3	96.7	2.3	30.1	3.1
28	ゲルフ	ON	151,984	7.7	256.1	15.2	1.3	18.7	8.8	17.0
29	モンクトン	NB	144,810	4.0	56.6	17.3	34.9	3.8	46.9	4.9
30	ブラントフォード	ON	134,203	-1.0	125.1	17.6	1.0	10.2	4.5	7.8
31	セントジョン	NB	126,202	-2.2	36.0	18.2	4.1	3.7	15.1	4.8
32	ピーターボロ	ON	121,721	2.3	80.8	22.2	1.1	5.6	7.1	4.8
33	サンダーベイ	ON	121,621	0.0	47.6	19.8	2.3	11.0	7.6	4.0
34	レスブリッジ	AB	117,394	10.8	39.5	15.6	0.9	14.9	4.5	10.8
35	ベルヴィル	ON	103,472	1.8	77.4	20.1	2.6	5.0	7.3	4.1

仏語を母語とする人口の割合および非公用語を母語とする人口の割合は単一回答のみの数値である。また、州の略称は表1-1 (p.16) を参照。

Census of Canada 2016により作成

人口規模順に示したものである。これによると、最も人口が多い都市圏は
オンタリオ州の州都であるトロントであり、人口は600万に迫っている。
それに次ぐのは人口約400万のケベック州モントリオールであり、この2
つの都市圏に1000万を超える人々が暮らしている。モントリオールは、19
世紀初頭以降1970年代に至るまでカナダ第一の都市であり、カナダ連邦結
成100周年を記念する万国博覧会（1967年）やカナダ唯一の夏季オリンピッ
ク（1976年）はモントリオールで開催されている。モントリオールが発展し
たのは、セントローレンス川とオタワ川の合流点に発達した中洲という立
地条件に加え、航行上の難所があったために、大西洋からセントローレン
ス川を遡ってくる船はモントリオールよりも先に進むことができず、そう
した船の終着地となったからである。しかし、カナダがアメリカ合衆国と
の経済的結びつきを強めるにつれて、合衆国中西部の五大湖沿岸に発達し
た工業都市に近接するトロントが急速に発展し、最終的にはセントローレ
ンス海路の全通（1959年）がトロントの優位を決定づけた。

　トロント、モントリオールに次いで第3の人口規模を有するのは西海岸
のブリティッシュコロンビア州ヴァンクーヴァーであり、これらをカナダ
の三大都市といっていいだろう。三大都市に次ぐ位置につけるのがアル
バータ州カルガリー、連邦首都のオタワ・ガティノー、そしてアルバータ州
の州都エドモントンである。アルバータ州の2都市はこの5年間も人口増
加率がきわめて高く、急成長を遂げている。以下、各州の州都のほか、鉄鋼
業が栄えたオンタリオ州ハミルトンや古くから自動車産業が発達したオン
タリオ州オシャワ、ニッケルを中心とする鉱業がさかんなオンタリオ州グ
レーターサドバリー、製紙業やアルミニウム精錬で知られるケベック州サ
グネー、不凍港をもち、造船業や石油化学工業が発展したニューブランズ
ウィック州セントジョンといった工業都市が名を連ねている。ただ、セン
トジョンではこの5年間に人口が減少し、グレーターサドバリーやサグ
ネーでは人口増加率が比較的低いことが示唆するように、産業構造の転換
を背景に、規模の大きい都市圏から離れた地域に立地する工業都市の現状
は厳しい。

32

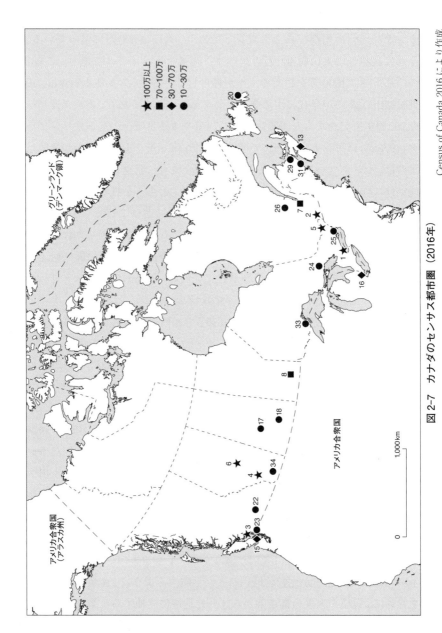

図 2-7　カナダのセンサス都市圏 (2016年)

オンタリオ州南部およびケベック州南部の一部の都市圏を省略している。図2-8 (p. 34) を参照。なお、図中の番号は表2-1 (p. 30) と一致する。

Census of Canada 2016 により作成

　図2-7は、センサス都市圏の分布を示したものである。一見して、カナダの都市はアメリカ合衆国との国境に近いところに集中していることがわかるだろう。なかでもオンタリオ州とケベック州に集中しており、それに次ぐのは4つの都市圏をもつブリティッシュコロンビア州である。その他の州では、レスブリッジが新たにセンサス都市圏に設定されたアルバータ州に3都市圏が存在するほかは1つないし2つの都市圏が設定されているのみであり、ノヴァスコシア州とマニトバ州は州都のみが都市圏として設定されている。人口規模の小さいプリンスエドワードアイランド州と3つの準州にはセンサス都市圏が存在せず、ニューブランズウィック州の州都フレデリクトンも人口規模が基準に達しないため、センサス都市圏として設定されていない。なお、行政の単位としての都市には、人口規模が大きいものの中心都市の郊外に含まれるために独自の都市圏が設定されず、結果的に表2-1に示されない都市がある。その代表的なものを列挙すると、トロントの郊外に、ピアソン国際空港のあるミシサガ（約72万）、南アジア系の多いブランプトン（約59万）、東アジア系の多いマーカム（約32万）、カナダを代表するドーナツ・チェーンのティム・ホートン（Tim Hortons）の本社があるオークヴィル（約19万）、モントリオールの郊外にラヴァル（約42万）やロングイユ（約24万）、ヴァンクーヴァーの郊外にサリー（約52万）やバーナビー（約23万）などがある。

　図2-8は、オンタリオ州南部とケベック州南部に位置する都市圏を示したものである。これによると、オンタリオ州ではオンタリオ湖とエリー湖、ヒューロン湖に囲まれた南オンタリオと呼ばれる地域に、ケベック州ではセントローレンス川沿いに、多くの都市圏が立地している。これらの都市群が集中する地域は、両端の都市名からケベック・ウィンザー回廊と呼ばれ、地形的には五大湖・セントローレンス低地に区分される。五大湖・セントローレンス低地は肥沃で農業に適した土地であり（第1章参照）、比較的緯度の低い南オンタリオで農業が発展し、人口が集積した。南オンタリオは全体としては平坦な地形ではあるが、ナイアガラ・エスカープメントと呼ばれる崖線が東西に走っており、そこを流れる河川には滝が形成され

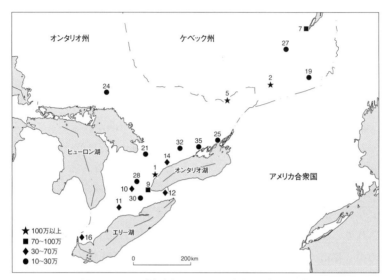

図 2-8　カナダ中央部のセンサス都市圏（2016年）

Census of Canada 2016 により作成

図中の番号は表 2-1（p. 30）と一致する。

る。そうした滝を利用して動力を発生させることができたことも農業の発
展を促し、さらには製材や製粉といった工業の発展にもつながった。たと
えば、オンタリオ州ロンドンは、ブルーというブランドで有名なカナダの
ビール製造大手ラバト（Labatt）社の発祥の地である。また、セントローレ
ンス川と五大湖の水運を利用することができたのも都市の発展には重要で
あった。19世紀前半には、エリー湖とオンタリオ湖の間に存在するナイア
ガラの滝を回避するウェランド運河（1829年）が建設され、1825年に完成し
たエリー運河によってニューヨークとも水運で結ばれた。なお、ウェランド運
河は現在もセントローレンス海路の一部として重要な役割を果たしている。
　ケベック・ウィンザー回廊はカナダで最も重要な都市群であり、交通網
も発達している。国土の大きいカナダでは、都市間旅客輸送は航空機に依
存しており、東部の三大都市であるトロントとモントリオールないしオタ
ワの間は大手航空会社が1時間に1〜2便を運航している。しかし、都市間
の距離が比較的短いケベック・ウィンザー回廊の都市相互間では、都市中

心部に駅をもつ鉄道が一定の競争力を維持している（**コラム1「カナダ鉄道の旅」**参照）。空港は一部の例外をのぞいて郊外に立地するので、都市中心部から30分程度の移動時間を要する場合がほとんどであり、しかも搭乗手続きや保安検査にも時間を要する。たとえばトロント・モントリオール間の航空便の所要時間は約1時間であるが、前後の移動時間や搭乗手続き等に要する時間を考慮すると少なくとも3時間程度はかかることになる。それに対して鉄道は約5時間でそれぞれの都市中心部間を結んでいる。もちろん高速道路網も充実しており、鉄道とほぼ同じ程度の所要時間であることから、バスはもとより、自家用車で移動する人も多い。なお、道路と鉄道は国境を越えてアメリカ合衆国と接続しており、トロントおよびモントリオールとニューヨークとの間には旅客列車がそれぞれ1日1往復走っている。トロントからニューヨークへ向かう列車は、馬の蹄鉄に形状が似ていることからゴールデン・ホースシューと呼ばれるオンタリオ湖沿いを走り、ナイアガラフォールズ付近で国境を通過する。国境では税関検査があり、それを含めた所要時間は約12時間である。

　最後に、立地が特徴的な都市にふれておこう。まず、オタワ・ガティノーは州境を越えて広がる唯一のセンサス都市圏である。オタワ川（フランス語ではウタウエ川）の南岸にオンタリオ州オタワ、北岸にケベック州ガティノーがそれぞれ位置し、連邦議会議事堂や首相官邸、総督公邸、各国大使館などはオタワ側に立地するものの、ガティノーにも連邦政府機関が多数立地する。英語とフランス語の二言語を教授言語とするオタワ大学にはケベック州側から通勤する教職員や通学する学生も多く、州境の越境が日常的にみられるカナダでは珍しい地域の1つである（**写真2-1**）。同様に、州境に立地する

**写真2-1　英語とフランス語を教授言語とする
オタワ大学**（2013年6月，大石撮影）

写真 2-2　ウィンザーとアメリカ合衆国デトロイト とを結ぶトンネルの入口（2016 年 9 月，大石撮影）

都市としてよく知られるのが アルバータ州とサスカチュワ ン州にまたがるロイドミンス ターである。州の権限が強いカ ナダでは、たとえば消費税の税 率や標準時の設定も州によっ て異なるが、ロイドミンスター では市内全域でサスカチュワ ン州の制度が適用されている。

　また、オンタリオ州ウィンザーはアメリカ合衆国と国境を接しており、 自動車産業で繁栄したミシガン州デトロイトと、デトロイト川をはさんで 隣接している。ウィンザーとデトロイトとは、デトロイト川に架けられた 国際橋のほか、トンネルでも結ばれている（**写真 2-2**）。最近まで、ウィン ザーでアメリカ人に人気の土産はキューバ産の葉巻であったという。アメ リカ合衆国はキューバと長らく断交状態にあり、近くにありながらも自由 に往来できなかったからである。そこでキューバ産の葉巻を販売する店舗 が市内にはみられる。ちなみにカナダはキューバと良好な関係にあり、カ ナダ人に人気の観光地でもある。

引用文献

McGillivray, B.（2006）*Canada: A Nation of Regions*. Oxford University Press.

Provencher, C., Milan, A., Hallman, S., and D'Aoust, C.（2018）Fertility: Overview, 2012 to 2016（Report on the Demographic Situation in Canada）. https://www150.statcan.gc.ca/n1/pub/91-209-x/2018001/article/54956-eng. htm（最終閲覧日：2019 年 2 月 17 日）

Statistics Canada（2007）*Portrait of the Canadian Population in 2006, 2006 Census*. Ministry of Industry.

Statistics Canada（2012）*Canada's Rural Population since 1851*. Ministry of Industry.

Statistics Canada（2018）*Dictionary, Census of Population, 2016*. Ministry of Industry.

人口学研究会編（2010）『現代人口辞典』原書房.

山神達也（2013）「都市圏」人文地理学会編『人文地理学事典』丸善出版、pp. 350-351.

コラム1 カナダ鉄道の旅

　現代では、広大な国土をもつカナダの都市間輸送の主役はもちろん飛行機である。しかし、カナダの歴史をふりかえると鉄道が果たした役割は大きく、たとえばブリティッシュコロンビア植民地はカナダ連邦に加入する条件として大陸横断鉄道の敷設を要求し、結果として汚職の舞台にもなってしまった。また、カナダ各地にみられるお城のようなホテルは、もともと鉄道会社が建設し、所有・運営していた。鉄道は、19世紀には船に代わる高速の輸送手段として北アメリカでも脚光を浴びており、明治時代の日本各地を旅したことで知られるイギリス人女性旅行家のイザベラ・バードは、敷設されて間もない鉄道を駆使して北アメリカ北東部を旅した記録を残している（バード 2014）。『赤毛のアン』の主人公アンも、今は存在しない鉄道でプリンスエドワード島の養父母の家に到着している。

　さて、現代のカナダで都市間輸送の主役を担う鉄道会社は国営の VIA Rail である。日本ではあまりみられないが、カナダでは線路を所有する会社と実際に車両を走らせる会社が異なっており、VIA Rail の車両はさまざまな会社が所有する線路を走って、東はハリファクス、西はヴァンクーヴァーまで、まさに大陸を横断して各都市を結んでいる。といっても、ハリファクスからヴァンクーヴァーまでを結ぶ列車はなく、主要なものを挙げると、ケベック・ウィンザー回廊の諸都市間を結ぶ列車が1日数便ずつ、モントリオールとハリファクスとを1泊で結ぶオーシャン号が週3便、トロントとヴァンクーヴァーとを結ぶカナディアン号はなんと4泊5日の旅で週2便の運行である。夜行列車には食堂車が連結され、カナディアン号の場合には寝台車の切符の料金にすべての食事が含まれている。座席車の乗客は食堂車を有料で利用するか、長時間停車する駅の周辺で調達することができる。ケベック・ウィンザー回廊を走る列車の場合、一等車の乗客には食事とアルコール類を含む飲み物が提供され、二等車でもソフトドリンクのサービスがある。

　カナダには日本の新幹線のような旅客専用線を走る高速列車は存在せず、ゆっくりとした汽車旅を楽しむのは限られた旅行日数では難しいかもしれないが、たまには鉄道に乗ってカナダの広さを実感してほしい。なお、VIA Rail の切符は同社ウェブサイトで簡単に購入できる。　（大石太郎）

引用文献

バード, I., 高畑美代子・長尾史郎訳（2014）『カナダ・アメリカ紀行』中央公
　　論事業出版

VIA Rail Canada　https://www.viarail.ca/（最終閲覧日：2020年2月4日）

38

コラム2 カナダの産業

　カナダはステープルの供給者として発展してきたという見方がある。トロント大学教授を務めた経済史家ハロルド・イニスが唱えたステープル理論というもので、ステープルとは人々が生活するために必要とする主要な産物のことである。すなわち、ステープル理論によれば、カナダは魚、毛皮、木材、小麦、鉱産資源というステープルを、当初はイギリス、のちにはアメリカ合衆国を中心とする国々に供給することで発展してきたというわけである。毛皮を別にすると、これらは現在でもカナダの主要な生産品であり、輸出品としても重要である。たとえば、水産物の輸出金額は世界第8位、製材と丸太の輸出量はそれぞれ世界第1位と第4位、小麦の輸出量は世界第3位である（順位はいずれも2016年）。鉱産資源も、原油や天然ガスは世界有数の輸出国であり、ニッケルなどのレアメタルも多く産出する。

　一見すると製造業の影が薄く感じられるが、豊富な木材は製紙パルプの原料となるので、製紙工場はカナダ各地に立地し、地域経済を支える産業となっている。また、金額ベースでみればカナダで最も重要な輸出品は自動車である。ただ、カナダでは自動車工場はオンタリオ州にのみ立地しており、しかも外国メーカーのみでカナダの完成車メーカーは存在しない。連邦結成以降のカナダでは保護主義的な貿易政策が第二次世界大戦後まで踏襲され、結果としてアメリカ合衆国の企業は自国産品をカナダに輸出するのではなく、カナダに子会社を設立して現地生産をするようになり、アメリカ合衆国に近く、五大湖の水運を活用できる南オンタリオで製造業が発展した。その後、カナダは自由貿易に舵を切り、1994年にはアメリカ合衆国およびメキシコと北米自由貿易協定（NAFTA）が発効した。加盟国間の貿易や投資は飛躍的に拡大し、アメリカ市場を念頭におきつつカナダやメキシコに工場を配置する例もみられるようになった。ただし、今後NAFTAに代わってアメリカ・メキシコ・カナダ協定（USMCA）が発効すると、自動車をはじめとする製造業の立地に影響が出る可能性がある。

　近年有望になりつつある分野としてAI（人工知能）関連産業が挙げられる。トロント周辺には200社を超えるAIスタートアップ企業が集積し、「北のシリコンバレー」と呼ばれている。トロント大学はディープラーニング（深層学習）の研究がさかんなことで知られ、モントリオール大学などにも広がりをみせている。カナダは2つの言語に堪能な人材が豊富であることが強みであり、今後の発展が期待される。（大石太郎）

ニューブランズウィック州エドマンズトンの製紙工場（2012年8月，大石撮影）

第3章

カナダの社会
モザイク社会の挑戦

大岡栄美

はじめに

　先住民を除いては、つねに新たな人種・民族・宗教集団を受け入れ、試行錯誤を繰り返しながら、モザイクの彩りを変化させてきたのがカナダである。本章ではカナダが移民国家として、革新的な移民政策を採用し続ける背景、実際に運用中の移民プログラムの特徴を明らかにする。またカナダで起こった多様性の受け入れをめぐる論争を考察し、多文化・多人種社会でどのような課題が生じるのかを理解する。世界的に国境管理が厳格化し、多文化共生は幻想として批判を受けている。しかし本章を読むことで、移民・難民排除に向かう近年の内向きの社会統合とは異なる、違いを受容するためのカナダ的アプローチがあることに私たちは気づくだろう。

　以下第1節では、カナダが拡大的移民受け入れを継続する背景要因、第2節では多様なカナダの移民受け入れプログラムとその特徴について紹介する。第3節では、「ターバン」と「ニカブ」という宗教的なシンボルをめぐる社会的論争の事例紹介を行う。人種的・言語的・宗教的多様性が増すカナダ社会で、多様性の受け入れがどのように交渉され、新たなアイデンティティが模索されてきたのかを論じる。

1　カナダと移民
──拡大主義的移民受け入れ路線とその背景

　2015年10月、カナダでは約10年ぶりに政権交代が実現し、自由党新政権が発足した。43歳の若さで首相となったジャスティン・トルドーは新内閣の組閣にあたり、カナダ史上初めて、アフガニスタン出身難民のムスリム女性を入閣させ、2人の先住民大臣に加え、ターバン着用のシク教徒を防衛大臣に据えた。この人種的・民族的・宗教的多様性に富んだ内閣を彼自身、「カナダらしい内閣（a cabinet that looks like Canada）」と評した。

　この内閣に象徴されるように、カナダは世界でも有数の、多人種・多民族・多宗教社会である。そしてその多様性ゆえに、高い生活水準を維持している国である。それは戦略的かつ継続的な移民受け入れこそが、人口政策・労働政策の両面からカナダの持続的な成長

写真3-1　2015年に発足した多様性豊かなトルドー内閣
(*Newsweek,* November 4, 2015)

を下支えしているからである。日本と比較して歴史の浅いカナダに対し、私たちはともすると若者の国と考える傾向にある。実際には、カナダ社会における高齢化率は約17％であり、立派な高齢社会である。しかし日本のような少子高齢社会ではない。日本がついに人口減少社会に移行したのとは対照的にカナダでは現在でも人口は増加し続けている。2016年国勢調査によると、2011年に約3350万人だった人口は5年間で5％増加し、3500万人を超えた。その人口増加分のうち、3分の1が自然増であり、3分の2が移民受け入れによるものである（**第2章**参照）。高齢化のスピードを緩め、少子化を食い止める人口政策という観点から、カナダでは移民受け入れ継続に超党派コンセンサスがある。

　他方労働政策の観点からも、カナダでは高度人材としての専門職移民受け入れの需要が高い。戦前のカナダでは高等教育機関はエリート養成機関であった。ようやく第二次世界大戦後、ベビーブーム世代の成長に合わせて徐々に高等教育の大衆化が進められた（新保 2003）。それでも労働需要に対しての専門職供給が間に合わず、カナダでは高度人材を自国生産ではなく、外国からの輸入により調達してきた。

　2016年の国勢調査によるとカナダ生まれの学士修了レベルの学歴保持者は24％、修士号以上の学位を持つ者は5％にとどまっている。他方、移民全般では約40％が学士修了レベルの学歴である。過去5年間の直近の移民に限定すると、学士修了レベルの学歴保持者は5割を超える。また修士号以上の学位を持つ者も2割弱である。カナダはこのように時代の要請に合わせ、専門性を持つ高度人材をつねに移民を通じて補充してきた。

　カナダ政府は2020年に向け、34万人の移民受け入れを数値目標として掲げている。ヨーロッパ諸国をはじめオーストラリアなど、歴史的な移民受け入れ国家がいまでは移民や難民の包摂に苦悩し、受け入れ数の削減に動いている。しかし、カナダの移民受け入れは人口政策、労働政策の観点からカナダの国家成長戦略の根幹をなしている。景気動向により受け入れ規模に多少の増減はあるが、「移民を受け入れるか、否か」自体はもはや議論の対象ではなくなっている。「移民を受け入れたうえでいかに人材として活用し、社会に統合するのか」が政策課題なのである。

　この背景にはカナダの地理的な位置も大いに影響している。カナダが世界一長いといわれる国境を唯一接しているのは、カナダ以上に大規模の移民、難民を受け入れてきたアメリカ合衆国である。メキシコや中南米からの不法移民や難民の防波堤としてアメリカ合衆国が位置していることで、カナダはある程度のコントロールのもとに国境管理ができる。このことがカナダの積極的移民政策推進を可能にするいわば保険となっているのである。

2　現在の移民選抜プログラムとその特徴

　前節でみたように、カナダは現在でも世界で最も拡大主義的な移民政策を採用している。高度人材の世界的な獲得競争が起こるなか、移民に「選ばれる目的地（Destination of Choice）」となるため、また自らが望むような移民を誘致するために、非常に戦略的で革新的な移民プログラムを開発、運用している。移民選抜プログラムの管理を行うのは移民・難民・市民権省（Immigration, Refugees and Citizenship Canada）である。新たな移民プログラムについての情報は、フェイスブック、ツイッター、YouTube、インスタグラムなどのSNSを通じて随時拡散されており、メディアリテラシーの高い潜在的移民に情報を届けることが意識されている。

　カナダは永住者として海外移住者を受け入れるが、主なプログラムとしては、①連邦技能移民、②カナダ経験移民、③州推薦移民、④ケア提供者、⑤家族呼び寄せ、⑥自営業など多岐にわたる。本節では、カナダの戦略性と独自性を示す中心的なプログラムである、①～④のプログラムについて紹介したい（詳しくは、Immigration, Refugees and Citizenship Canada 2019）。

(1) 連邦技能移民とカナダ経験移民

　まず現在カナダが力を入れている選抜システムが連邦技能移民（Federal Skilled Worker、以下、FSW）である。このプログラム自体は1967年に業績主義的な移民選抜制度として開始されたポイント制の流れを汲むものである。カナダ職種リスト（National Occupation Classification）で定められた、管理職、医者、建築家などの大卒専門職、あるいはシェフ・配管工・電気工事士などの技術職として、過去10年間にフルタイムで1年間の勤務経験を持つ者が対象で、高い語学力も求められる。

　このFSWのカテゴリでの申請は、2015年1月に導入されたエクスプレスエントリー（Express Entry、以下、EE）への登録を通じて行われる。これは、長年カナダで移民受け入れをめぐり大きな問題となってきた2つの

問題を解決するために導入された。その問題とは、ビザ申請未処理件数累積による審査の遅れと、実際に移住した技能移民と労働市場の需要とのミスマッチである。

　これまでのカナダのFSWにおいては、職種における審査の優先順位を設けず、すべての申請の審査を申請順に進めていた。そのため審査を待つ膨大な未処理分が累積することとなった。また審査に時間がかかりすぎることも影響し、書類上優秀な学歴や職歴をもつ技能移民がカナダの労働市場に適応できず、下降階層移動を経験することになった。たとえば、博士号を持つタクシー運転手が多数生み出されるなどである。

　カナダの労働市場の需要とのタイムリーなマッチングができず、専門職移民が移住後数年経過しても高い失業率を示すことは社会的にも大きな損失である。これらの問題解消のため、現在のカナダでは本審査の前にすべての申請希望者がオンラインでEEに自らのプロフィールを登録し、スクリーニングを受けることになった（登録したプロフィールは、登録日より1年間システムに保存される）。

　なにやら就活サイトのようだが、EEに登録するとすべての申請希望者が語学力・学歴・職歴・カナダ社会での就業経験・年齢・移住前の仕事のオファー、カナダ社会への適応性などの評価ポイントに応じてランクづけられる。満点は1200点で、ランク上位者から順に本審査への申請招待状が送られる。つまりこれまでの申請プロセスが申し込みの日付順だったのに対し、点数順となった。また月2回足切りがあるためランク下位の者には招待状が来ず、審査プロセスに進むことができない。このEEによるスクリーニング導入によりFSWの審査期間は大幅に短縮され、平均約半年となった。

　FSWに加え、労働市場とのマッチングを意識して2008年9月に導入されたのが、カナダ経験移民（Canada Experience Class、以下、CEC）である（詳しくは、大岡（2012）を参照）。数回の変更を経て、現在は過去3年間のうち1年カナダでの一時滞在での就労経験のあるものに永住権取得への優先的アクセスを与えるプログラムとなっている（職種はFSWと同様のカテゴリー）。

　移民を「永住者」として受け入れるカナダでは、永住者からカナダ市民へ

の移行が進むよう、市民権付与のハードルは低く設定されてきた。そのた
め、移民選抜基準にこそ「カナダ」という共同体への参加条件が示されてい
る。FSW/CECの両プログラムに反映されている基準は、カナダへの経済
貢献と文化的世俗化である。若い移民は、スムーズな労働市場への適応に
より、これから何年にもわたり自らの持つ技能や知識を活用し、カナダ経
済に貢献することが期待されている。

　また、カナダでの就労経験者や留学経験者を優先的に受け入れる狙い
は、英語・フランス語という公用語の習得者を選別することによる言語ト
レーニングコストの削減にある。さらに留学・一時就労などの試用期間を
通じてカナダ社会の文化慣習、価値観、労働市場への適応を果たしている
者を選別することも狙う。これにより社会統合に伴う諸経費を削減し、文
化・宗教摩擦による統合リスクを予防・監視・管理するという目的がある。
第1節で紹介したカナダの積極的移民政策の継続とそれに対する世論の支
持には、このような徹底した移民プログラムのチェックと管理がある。

(2) 州推薦移民とケア提供者移民プログラム

　柱となる経済貢献を主眼とした移民プログラムのほかに、カナダ社会特
有のニーズに合わせた、より柔軟な移民プログラムも開発されている。ま
ず一つは州推薦移民（Provincial Nominee Program、以下、PNP）である。
カナダは広大な国土を持ち、州ごとに独自の公用語や人口構成を持つ（**第1
章**参照）。当然州ごとの労働需要も大きく異なる。しかし移民選別は連邦政
府の管轄にあるため、これまですべて中央集権的に行われてきた。

　連邦選抜の技能移民たちは都市への定住を望み、結果としてオンタリオ
州、ケベック州、ブリティッシュコロンビア州に集中することになった。と
くにカナダ経済の中心であるトロントには、移民が集中した。このため移
民の社会適応支援や言語教育を担当するオンタリオ州政府の負担がかなり
大きくなった。

　その一方、東部の沿海諸州では、人口減少に備えて農業に従事する労働

力が必要であるにもかかわらず、移民を通じて必要な労働力が埋められない
いというミスマッチが生じていた。こうした州ごとに異なる労働需要を満
たすため、連邦政府が選別するFSWよりも緩やか、かつ州独自の基準で移
民選抜を行うことを可能としたのが、PNPであった。

　PNPの展開により、移民のオンタリオ州への集中は近年緩和傾向にあ
る。たとえば2016年国勢調査の結果によると、2011年には過去5年以内に
移住した新移民の56％がオンタリオ州に集中していたが、2016年には
39％にまで低下している。他方アルバータ州への移民は2011年の約7％か
ら17％へと増加した。州の特徴を反映した多様な移民プログラムの運用
は、ともすると全国画一的なプログラムの実施に縛られがちな日本にとっ
て大いに参考になるであろう。

　もう一つユニークなプログラムとなっているのが、ケア提供者（Caregiver）
移民プログラムである。これは就労ビザで、①子どもの世話、②高齢者や身
体障がい者の介護、というケア労働に2年間就労した一時就労者がそれを
条件に永住権申請できるプログラムである。カナダでは約7割が共働き世
帯であり、これまで女性が家庭内で担ってきた子育て、介護などのケア労
働の外部化が求められている。こうしたプログラムの実施は国際労働力移
動によるケア労働の担い手不足の解消をめざしている。世界的な移民の女
性化の一要因ともなるプログラムである。

　こうした多種多様な移民プログラムの展開により、カナダ全人口に占め
る移民の割合は22％となり、過去85年で最高の水準に達している（2016年
国勢調査）。人種的な多様性も一層拡大している。**表3-1**は最近5年間の移
民出身上位10か国を示したものである。フィリピン、インド、中国が上位
を占めるなど、圧倒的にアジア出身移民が増加している。また上位10か国
には入っていないが、1971年国勢調査では3％程度であったアフリカ出身
移民も13％を超え、ヨーロッパを抜いた。

　カナダでは「有色人種」を指す用語として、「ヴィジブル・マイノリティ
（Visible Minorities、以下、VM）」が用いられる。これはカナダで多数派で
ある白人に対して、目に見えて異なる少数派を指す用語として用いられて

表3-1　2011-16年の移民出身国上位10か国

	国名	人数
1	フィリピン	188,805
2	インド	147,190
3	中華人民共和国	129,020
4	イラン	42,070
5	パキスタン	41,480
6	アメリカ合衆国	33,060
7	シリア	29,945
8	イギリス	24,445
9	フランス	24,155
10	韓国	21,710

2016年カナダ国勢調査により作成

きた。しかしながら、カナダ第一の移民受け入れ都市であるトロントにおいてはすでに人口の5割以上がVMであり、もはや多数派を構成する逆転現象も起きている。人種・民族・宗教などの属性にこだわらない移民プログラムにより、カナダの多人種・多文化化は一層進んでいる。

3　多様性の管理とカナディアン・アイデンティティ

　　迫害、テロや戦争から逃れようとしている人々へ、カナダ人は信仰に関係なく、あなたたちを歓迎します。多様性は私たちの力です。

2017年1月28日、♯WelcomeToCanadaのハッシュタグをつけ、上記のメッセージをトルドー首相がツイッターで発信した。これはアメリカ合衆国のトランプ大統領が難民受け入れを一時停止し、イスラム教徒が多くを占める8か国からの入国を一時中止する大統領令に署名したことを受けてのことである。「多様性は私たちの力」と言い切る強いメッセージを発信するカナダは、いかにして移民が持ち込む多様な文化習慣、価値観やシンボルを受容してきたのか。そして、多様な背景を持つ人々を受け入れながら社会における連帯や信頼感の形成を図ってきたのか。

　本節では積極的な移民政策の展開により、世界有数の多文化・多人種社会となったカナダにおける、多様性の受け入れをめぐる論争と新たなアイデンティティ構築へのアプローチを整理する。

(1) カナディアン・アイデンティティの形成

　移民・難民の受け入れと社会の多人種・多民族・多宗教化にとどまらず、カナダには同質的、一体的なナショナル・アイデンティティの形成を妨げる数多くの要素が存在する。世界第 2 位を誇る国土、分権的連邦制、英語・フランス語という 2 つの公用語、州ごとに異なる歴史、文化、公用語、などである。しかしそれはカナダ人に国家に対する愛着や誇り、大切にする象徴がないということを意味しない。むしろカナダ人は非常に強い愛国心を持っているといえるだろう。たとえば、2013 年カナダ総合的社会調査（General Social Survey）で問われた、「重要なナショナルシンボルは？」という問いに対して、回答者の 9 割以上がカナダ憲法と国旗を重要なシンボルと答えている。移民や VM もむしろカナダ生まれの市民以上にナショナルシンボルを重要と考えていることも明らかになった（Sinha 2015）。

　多様な背景を持つ人々によって構成されるカナダ人が特定の価値観を共有しているのかについても疑問視されやすい。しかし人権の尊重、ジェンダー間の平等、法の遵守など、社会の基本的価値観についても回答者の 9 割以上が「共有されている」と考えていた（2013 年 GSS 調査）。カナダ人として「非常に誇りに思う」と答えた割合は自ら「選択して」カナダ人となった移民の間で高く、6 割を超えていた。

　このようにカナダは多様な背景の人種・民族・宗教の人々を受け入れながら、共通のアイデンティティや国家に対する誇りの創出に成功しているように思われる。しかし、どこまで移民が持ち込む文化習慣や宗教的慣行を受け入れるのかについては世論を巻き込んだ大論争になることもある。以下「ターバン」と「ニカブ」という 2 つの宗教的シンボルの受容をめぐる社会的論争の事例を紹介しよう。

(2) 連邦騎馬警察（Royal Canada Mounted Police）とターバン

　カナダ連邦の成立以前、カナダ西部への入植開拓時代から、北西騎馬警察（North-West Mounted Police）として国土の安全を守ってきた連邦騎馬警察（以下、RCMP）はカナダの象徴として、国民の9割近くが非常に大切と考える組織である。茶色のつば広帽に赤いチュニックという制服は現在でも国賓を迎える式典などの際に用いられる。1990年代にはRCMPを主役にしたテレビドラマシリーズ「Due South」が人気を博した。

　ところでRCMPでは1980年代後半、当時のカナダにおける多人種・多民族化を反映し、VMスタッフの雇用促進に取り組むことになった。1987年には、これまで連邦騎馬警官への採用が少なかったマイノリティの雇用を行い、積極的に差別是正を進めていく方針が打ち出された。

　それを受け、マレーシア出身移民で、アジア系移民犯罪者の通訳ボランティアをしていたシク教徒の青年がRCMPへの就職を希望した。シク教徒であった彼は宗教的慣行の一環として髪を伸ばし、ターバンを着用していた。当時のRCMPでは標準制帽着用のため、ターバン着用やひげを禁止していた。そこで彼はこのルールを見直し、ターバン着用を認めるようRCMPに働きかけたのである。

　先述のように、RCMPはマイノリティの積極的雇用を進める方針であったため、この訴えを採用した。制服の改正を連邦政府に提案し、1990年3月にはこれまでのフェルト帽の制帽に加え、茶色のターバンが制帽に採用となった。組織的には極めて柔軟に多様性受容へと舵を切ったのである。これは1974年に女性警官がRCMPに加わった際に新たな女性用制服が採用されたことと同様、従来の制服に選択肢を追加する対応であった。

　ところがこの変更に対し、歴史的にRCMPとのかかわりの深いアルバータ州を発火点とし、国を揺るがす大論争へと発展していった。反対派はRCMPの制帽はカナダの数少ない文化的シンボルであり、ターバン制帽の採用は際限なき多様性の受け入れによる伝統への脅威であると批判した。反発はエスカレートし、9万人を超す反対署名が集まり、当該青年に脅迫文

が送られる醜い事態へと発展した。最終的にはこの問題は法廷闘争となり、最高裁判所が制帽を採用する連邦政府決定を承認することで決着をみた。

　RCMPによるターバン制帽の採用は、これまで「当たり前」とみなしてきた慣習や制度、ルールや規範がマイノリティの社会参加にとって排除や障壁を生み出していないかを検証し、制度的差別を是正する試みであった。しかし、一部のカナダ人にとってはこれが「移民（かれら）」による「伝統文化（われわれ）」への挑戦と受け止められた。しかし、そもそもここで前提とされる「We（われわれ）」とは誰なのか。われわれ（カナダ人）のなかにシク教徒も含まれるのならば、ターバンをカナダのシンボルとしてRCMPの制帽に取り入れることは「伝統の創造」であり「伝統の解体」ではない。

　ターバン論争は、社会の多様性が深化するなかで、誰が「われわれ」なのかを線引きするための攻防であり、新たな伝統を生み出すうえで必要な摩擦であった。ターバン制帽採用からもうすぐ30年となる現在、ターバン着用のRCMPはカナダで「当たり前」の光景となった。それは多文化社会カナダという新たなアイデンティティと伝統のシンボルとして定着したのである。

(3) ニカブと市民権宣誓式

　このような多様性の受け入れをめぐる攻防はその後もカナダにおいてつねに何らかの形で継続している。そのなかで最新の論争が、カナダの市民権宣誓式におけるイスラム女性のニカブ着用をめぐる是非である。ニカブとは頭を覆い、目だけを出すイスラム女性の服装である。フランス、デンマークなどでは、イスラム教による女性抑圧の象徴として法的禁止の対象とされている。カナダでもこの流れに追従し、2011年当時のハーパー保守党政権がカナダ市民権宣誓式でのニカブ着用を禁じる方針を打ち出した。ニカブの着用では本人確認ができないというのが禁止の理由であった（詳しくは、山本（2017）を参照）。

　しかし、本人確認だけが理由であれば、式典の前に個別に本人確認の作業を行うなどの合理的配慮をもって対応できる。そのためこの方針に対す

る拒否と裁判所による救済を求めて法的判断が行われることとなった。その結果、連邦地方裁判所はこの方針そのものが市民権規則に反するため違法とした。憲法判断に踏み込むことなく、訴えたイスラム女性に対して市民権宣誓式でのニカブ着用を認めたのである。

　ところが、この判断にハーパー政権は納得せず、連邦最高裁への上訴を検討した。またニカブ着用をめぐるこの法的係争が2015年のハーパー保守党政権の解散総選挙中に持ち上がったため、ニカブの着用の是非をめぐる各政党の姿勢は大きな選挙争点となった。

　保守党はニカブが反女性的文化であり、「カナダ的価値観」に反するとの主張を展開した。さらに選挙公約として、ニカブの着用を禁止するための市民権法の改正を掲げた。これに対し、新民主党、自由党はすぐさま反対を表明し、各政党の多様性への姿勢が選挙の重大争点となった。結果は宗教的配慮の妥当性を支持するトルドー率いる自由党の圧勝であり、本章冒頭で論じた約10年ぶりの政権交代につながった。保守党は「カナダ的価値観」擁護の名のもとに、特定の集団を排除し、憎悪をあおっているという批判を浴び、大敗を喫して下野したのである。

　本節で示した2つの多様性の受容をめぐる論争は、日々の生活のなかで、カナダ的多文化社会の模索と交渉が続けられていることを明確に物語る。移民を含むすべてのカナダ市民が論争に加わり、多様性受容の線引きを行うプロセスに参加することが求められている。

おわりに

　以上本章では、カナダの移民政策展開における戦略性と創意工夫、そして、その結果引き受けた多様性を新たなアイデンティティや伝統として受容する過程で生じる摩擦や攻防についてみてきた。こうしたカナダの挑戦や試行錯誤から私たちは何を学べるだろうか。それは、同じ社会の構成員として生活するうえで、過度に同質的であることを求めないというやり方

である。また多様性を受け入れるには何世代という単位で時間が必要であ
ることを理解し、時間をかけて対話することをいとわず、論争や衝突を恐
れないアプローチである。

　これはともすると自分の要求することを主張せずに、「察する」ことを期
待する日本人にとって最も難しいやり方かもしれない。しかし多様性を受
け入れ、そのなかで新たな規範やルール作りをしていくことは、移民社会
としての歩みを進めるうえでは避けて通れないプロセスといえよう。

　カナダは決して人種差別のない社会ではない。みんな違って、それでも
ひとつのコミュニティで暮らすという理想を実現するために、試行錯誤を
繰り返し、時代に合ったモザイクを織り続けているにすぎない。ヨーロッ
パともアメリカ合衆国とも違うカナダ的アプローチ（Canadian Way）から
私たちはこれからも学ぶことが大いにあるだろう。

引用文献

Immigration, Refugees and Citizenship Canada（2019）Immigrate to Canada.
　　　https://www.canada.ca/en/immigration-refugees-citizenship/services/
　　　immigrate-canada.html（最終閲覧日：2020 年 2 月 4 日）
Newsweek（2015, November 4）‘BECAUSE IT’S 2015’: CANADA’S TRUDEAU
　　　SUMS UP HIS GENDER-EQAUL CABINET.
　　　https://www.newsweek.com/because-its-2015-canadas-trudeau-sums-his-
　　　gender-equal-cabinet-390797（最終閲覧日：2020 年 1 月 15 日）
Sinha, M.（2015）*Canadian Identity, 2013*. Ministry of Industry.
　　　https://www150.statcan.gc.ca/n1/pub/89-652-x/89-652-x2015005-eng.pdf
大岡栄美（2012）「カナダにおける移民政策の再構築──『選ばれる移住先』を目指す
　　　コスト削減とリスク管理」『移民政策研究』第 4 号，pp. 2-13.
新保 満（2003）「カナダの大学──『聖』と『俗』、『理想』と『経済』の葛藤」綾部恒雄・
　　　飯野正子編『カナダを知るための 60 章』明石書店，pp. 256-260.
山本健人（2017）「市民権取得と多文化国家カナダ──イスハーク判決の位置付けとそ
　　　の憲法問題」『法政論叢』第 53 巻第 1 号，pp. 135-157.

コラム3 イギリスとカナダ

　2020年に入り世界を驚かせたニュースといえば、イギリス王室のハリー王子とメーガン妃が、王室を離脱して公務から引退することになったことであろう。王子は現在家族とともにカナダのヴァンクーヴァー島に滞在し、今後はイギリスとカナダを行き来する生活を希望しているという。夫人の出身国であるアメリカ合衆国ではなくカナダでの居住を希望しているというニュースに「なぜカナダ？」と首を傾げた読者も少なくはないだろう。

　カナダは1867年7月1日にイギリス帝国のカナダ自治領となり、連邦が結成された。しかし完全なる独立国家の誕生とはいえず、連邦結成後もイギリスとの紐帯はさまざまな形で継続した。たとえば、カナダがイギリスから完全なる外交権を獲得したのは1931年、カナダ最高裁がイギリス枢密院に代わって最終審となるのは1949年、カナダが独自憲法を持つに至ったのは1982年であった。また現在でもカナダのコインにはエリザベス女王の肖像が使われており、英連邦の一員としてイギリス王室との関係性は深い。また第3章で最近の移民の上位5か国はアジアとなっていると紹介したが、イギリス出身移民も依然第8位にランクインしている。

　また、かつてカナダでは独自の国籍概念が存在せず、「カナダに居住するイギリス臣民」としてカナダ人を規定していた時代があった（大岡 2004）。イギリス臣民は優遇的なカナダ市民権へのアクセスが認められ、審査や形式的な宣誓を行わなくても市民になることが許された。また1年の居住後にはカナダ市民になることなく参政権を持つことができるなどの特権も有していた。イギリス臣民であることとカナダ人であることを完全に切り離した市民権法が成立するのは1977年のことである。現在では、イギリス出身移民の特権はなくなり、カナダ市民となるには他の移民同様、まずカナダへの移民申請ののち市民権申請の条件を満たすことが必要である。

　このように、イギリス（イギリス王室）とカナダは歴史的に深いつながりをもってきた。カナダ人たちはハリー王子夫妻の滞在を歓迎しており、大きな問題は生じていない（年間数億円ともいわれる警備負担を別にすれば）。しかし今後滞在が長期化し、観光ビザでの滞在可能期間にあたる6か月を超えた場合、夫妻がカナダへの移民申請を行うのか、申請を行うにあたってはどの移民プログラムから申請を行うのかなどが、居住の政治的影響と合わせて注目すべき点となるだろう。

（大岡栄美）

引用文献

大岡栄美（2004）「多文化社会における『シティズン』境界設定をめぐる相克——カナダにおける新市民権法案（Bill C-18）に関する政治社会学的一考察」『法学政治学論究』第61号，pp. 27-57.

第4章

カナダの舞台芸術

神崎　舞

はじめに

　舞台芸術は、さまざまなパフォーミング・アーツ（performing arts）、つまり、演劇はもちろんのこと、オペラやミュージカル、そしてバレエやダンス、さらにサーカスなども含む。そこでこの章では、演劇だけでなく、それ以外のジャンルについても言及する。舞台芸術は、日常社会と一見かけ離れた、単なる娯楽と思われがちである。しかしそうではない。なぜなら、舞台芸術には作品が生まれた国の社会や文化が少なからず反映されているからである。カナダの舞台芸術も例外ではない。時代や社会を表象する舞台芸術を学ぶことは、カナダに対する理解を深めることにつながるのだ。

　カナダは当初、フランスの植民地であったことから、舞台芸術の歴史もまたフランス語圏から始まる。そこで第1節ではフランス語圏の舞台芸術の歴史を時代の流れに沿って説明し、第2節では英語圏の舞台芸術の特徴を、主な劇場やフェスティヴァルに焦点を当てながらまとめる。

1　フランス語圏の舞台芸術

　フランス語圏の舞台芸術は、便宜上、4つの時代に分類することができる。まず、17世紀初期から18世紀半ばまでのフランス植民地時代、19世紀から20世紀初期にかけて愛国的な作品が書かれる時代、1960年代から1970年代の「新しいケベック演劇」(le nouveau théâtre québécois) と呼ばれる時代、そして1980年代以降の異種混合的・実験的な作品が登場する時代の4つである。

　フランス植民地時代において、記録上で最初の上演作品といわれているのが、マルク・レスカルボ (Marc Lescarbot) によって書かれた『ネプチューンの芝居』(*Le Théâtre de Neptune*, 1606) である。この作品は、フランス人が長期間の探検から帰還したことを祝って、水上で上演された仮面劇である。

　さらにこの頃は、フランスの劇作家であるコルネイユやラシーヌなどの作品がしばしば上演されていた。しかし当時、力を有していたカトリック教会は、演劇を有害なものであると危険視していた (Moss 2009)。そのことを最も顕著に示す出来事は、1694年にフランスの劇作家モリエールの『タルチュフ』(*Tartuffe*) の上演が中止されたことである。主人公の宗教家タルチュフは、オルゴンやペルネル夫人といった登場人物によって聖人君子として崇められているのだが、実は偽善者として描かれている。そのため観客が、宗教家は偽善者であると思い込んだり、オルゴンやペルネル夫人のように、盲目的に信じることは危険であると警戒したりすることを教会が恐れたと考えられる。このように演劇が危険視されることは、カナダに限ったことではない。たとえばイギリスでは、1642年にピューリタン革命が起こり、演劇は道徳的に有害であるという理由で、劇場が閉鎖されたこともある。それほどまでに演劇は社会に影響を与える力があるとみなされたのである。よって、フランス植民地時代のカナダで上演されていた作品は、教会の意にかなったものに限定されていた。

　その後現在のカナダ領域は、17世紀後半から18世紀中頃にかけての英仏戦争により、フランス領からイギリス領となる。19世紀になると、イギ

リスからの移民が増加し、彼らの特権層が政治の主導権を握るようになったことに対する不満からフランス系の人々の反乱が起こる（木村 1999）。それを受けて現地調査を行ったイギリスのダラム卿は、いわゆる『ダラム報告書』において反乱の原因などについて述べているが、注目すべきはフランス系カナダ人のナショナル・シアターの欠如を指摘している点である。この『ダラム報告書』に刺激され、演劇においてフランス系カナダ人としてのアイデンティティが希求されるようになる（Moss 2009）。その結果、フランス系カナダにおける歴史的に重要な出来事を描いたり、当時のヒーローを主人公に据えたりした作品が登場した。フランスの植民地時代には、しばしば演劇を非難していた教会も、この時代の愛国的な作品に対しては支持をしていた。なぜなら、マイノリティとなったフランス系カナダ人の不安を緩和したり、アメリカ合衆国へ移民することを思いとどまらせたりすることがこれらの作品に期待されたからである。具体的な作品として、ルイ＝オノレ・フレシェット（Louis-Honoré Fréchette）の『パピノー』（*Papineau*, 1880）が挙げられる。この作品は、愛国者党の指導者のルイ＝ジョゼフ・パピノー（Louis-Joseph Papineau）たちが1837年に実際に起こした反乱を描いたものである。また、エルゼアル・パキャン（Elzéar Paquin）の『リエル──四幕の悲劇』（*Riel: Tragedie en quatre actes*, 1886）も、フランス系カナダのヒーローで、白人と北米先住民の混血であるメティスのリーダーであったルイ・リエル（Louis Riel）という実在の人物による反乱にもとづいている。これらはどちらもフランス系カナダ人を理想化したメロドラマとなっている。

　しかし、第二次世界大戦以降は「アンチ・ヒーロー」を主人公とした作品が登場する。その代表的な作品として、グラシアン・ジェリナ（Gratien Gélinas）の『ティー＝コック』（*Tit-Coq*, 1948）が挙げられる。私生児で孤児を主人公に据えた『ティー＝コック』に代表されるように、アンチ・ヒーロー像を作り出し、当時の保守的な社会における抑圧を描き出したジェリナの作品は、マルセル・デュベ（Marcel Dubé）やミシェル・トランブレ（Michel Tremblay）など、その後の劇作家に大きな影響を与えた。

　1960年代から1970年代は、「新しいケベック演劇」といわれる時代となる。1960年代には、ケベック州の近代化および脱宗教化を促した「静かな革命」が起こる。その結果、ケベック州の人々は民族的・言語的アイデンティティの確立を求めるようになり、これまでのフランス系カナダ人ではなく、「ケベコワ（ケベック人）」を主張するようになる。このような社会的変動は演劇にも少なからず反映された。たとえば、モントリオール出身のミシェル・トランブレによる『義姉妹』（*Les Belles-Sœurs,* 1968）、『永遠にあなたのもの、マリー・ルー』（*À toi pour toujours, ta Marie-Lou,* 1971）、『ホザンナ』（*Hosanna,* 1973）などが挙げられる。なかでも『義姉妹』は、トランブレの代表作といえると同時に、「新しいケベック演劇」の始まりを特徴づける作品と考えられている（Moss 2009）。この作品は、ケベックの労働者階級の生活を、ケベックの方言であるジュアル（joual）を使用してユーモラスに描いたことにより注目された。ジュアルは、フランス語で馬を意味する「シュヴァル」（cheval）が、その方言では「ジュアル」になることからそう呼ぶようになったものである。それまでの演劇作品では、パリのフランス語を用いることが主流であったため、ジュアルの使用は画期的であった。

　また、これまで光を当てられることがなかったような人物が登場することもトランブレ作品の特徴といえる。ジェーン・モス（Jane Moss）は、「トランブレの世界は、不幸せな主婦、信心深い未婚女性、安っぽいナイトクラブ芸人、ドラッグ・クイーン、機能障害の家族、酔っ払い、そして狂人で満ちている」と指摘している（Moss 2009）。また、カトリック教会が力を有している時にはタブーとされていたセクシュアリティの問題も描き、その後のゲイ・シアターの発展に大きく寄与した。

　最後の区分は、1980年代以降に顕著になる異種混合的・実験的な舞台芸術である。1980年の主権・連合を問う州民投票が否決されたことにより、ケベコワとしての集団的アイデンティティを求める熱がいったん冷める。その結果、個人の内面を描く内省的な作品が多く登場する。また、マイノリティ、すなわちフランス系やイギリス系以外の移民や女性、そしてゲイなどの台頭もさらに顕著になる。このようなマイノリティの台頭は、1950年

代から60年代のアメリカ合衆国における公民権運動と呼応すると考えられる。作品の作り手における異種混合的な特徴は、作品にも反映されている。たとえば、ワジディ・ムアワッド (Wajdi Mouawad) やマルコ・ミコーネ (Marco Micone) などの移民や、ミシェル・マルク・ブシャール (Michel Marc Bouchard) などのゲイ、さらにアンヌ・エベール (Anne Hébert) やマリー・ラベルジュ (Marie Laberge) などの女性の劇作家による作品が挙げられる。ムアワッドの『炎 アンサンディ』(*Incendies,* 2003) は日本でも上演され、第69回文化庁芸術祭大賞などを受賞した評価の高い作品である。また、ブシャールは『LILIES』(*Les Feluettes ou La Répétition d'un drame,* 1987) や『孤児のミューズたち』(*Les Muses orphelines,* 1988) が劇団スタジオライフによって上演されたことにより、日本でもなじみのある劇作家といえる。

　このほかにも、1980年代以降から、より実験的な作品が多く生み出される。なかでもケベック出身の演出家、劇作家、俳優であるロベール・ルパージュ (Robert Lepage) の作品は特筆に値する。ルパージュの作品には、フランス語版と英語版を有するものや、作品のなかで複数の言語を使用するものもある。後者の作品においては、観客に意味を伝えるよりも、言語の持つ音楽性が探求されていると思われる。たとえば、『ドラゴンズ・トリロジー』(*La Trilogie des dragons,* 1985) においては、フランス語、英語、中国語が同時に発話される場面がある。ジュアルを使用して、ケベコワとしてのアイデンティティを表現したトランブレの作品に政治性が現れていたのに対し、多くのルパージュ作品では、そのような政治性は薄れている。

　また、ルパージュ作品は、その制作過程にも特徴がある。伝統的な演劇であれば、まず戯曲があり、それをもとにリハーサルを重ねたあと上演となる。しかし、ルパージュ作品の場合、まず即興を通してリハーサルを繰り返したあとで上演する。さらに「ワーク・イン・プログレス」という手法を用いることから、上演後も観客の反応などを参考にしながら練り直し、作品に変更を加え続けるのである。そのため、戯曲は再演を繰り返したのちに、大きな変更が加えられなくなった段階で出版されるのである。制作過程に

おいても、台詞に重きをおく従来の演劇とは異なることがわかる。

　ルパージュの作品はいろいろな要素を取り入れている。それはこれまでにロック・コンサート、サーカス、そしてオペラの演出、さらには映画の監督を務めてきた彼の経験が活かされているからである。とくに彼は視聴覚的要素を積極的かつ巧みに取り入れてきた。ルパージュは「映像の魔術師」という異名を持つほど、とりわけ映像の使用において長けている。しかし、伝統的な演劇に慣れ親しんだ観客や批評家からは、言語を軽視しているとか、テクノロジーに依存しているとして批判されてきた。

　ここで述べる「映像」とは、舞台芸術作品の上演において、スクリーンや舞台装置に映写される画像を指す。まずルパージュの映像の特徴として、舞台上の俳優の顔などをクローズアップする手法がある。これには、俳優の表情や動きを客席後方の観客にも見えやすくするという効果がある。このほかにも、映像と俳優の動きをシンクロナイズさせることで、俳優や舞台装置だけでは困難な表現を可能にする。たとえば、メトロポリタン・オペラで上演された『ラインの黄金』(*Das Rheingold*, 2010)において、ライン河の底に住む3人の乙女が登場する場面では、背後にある巨大なパネルの前で彼女たちが歌うと、気泡が生じる様子がパネルに映写され、水中の情景が視覚的に表現される。

　またルパージュ作品では、映像によって舞台上には登場しない人物の存在を観客に想像させる場合がある。それは、シェイクスピアの『ハムレット』から着想を得た『エルシノア』(*Elseneur*, 1995)において顕著である。『ハムレット』は戯曲通りに上演すると4時間以上かかる作品であるが、『エルシノア』は90分の一人芝居にまとめられている。このなかで、ハムレットが友人ローゼンクランツとギルデンスターンと会話をする場面がある。しかし、ローゼンクランツとギルデンスターンは生身の俳優として舞台上に登場することはない。ハムレットが舞台中央に立ち、舞台の下手に向かって「ローゼンクランツ」と、そして上手に向かって「ギルデンスターン」と語りかける。するとハムレットを演じる俳優の両側に置かれたスクリーン上にハムレットの上半身がライヴ映像として映し出される。これらの映

像が表象するのは、ローゼンクランツとギルデンスターンのそれぞれが目にするハムレットである。姿を見せない2人の友人は、終始言葉を発することもないのだが、映像とハムレット役の生身の俳優による視線の方向、そしてハムレットの台詞から、舞台上に登場していない友人たちの存在が表象されている。このようにルパージュの映像は、作品のなかでさまざまな役割を担い、表現の幅を広げている。

　1980年代以降になると、演劇作品以外に、サーカスやダンスなどの分野も隆盛を極めるようになる。日本ではあまり知られていないが、カナダのケベック州はサーカスが盛んな州である。今や国際的に知られているサーカス・カンパニーであるシルク・ドゥ・ソレイユ（Cirque du Soleil、シルクはフランス語でサーカス、ソレイユは太陽を意味する）もケベック州から生まれた。シルク・ドゥ・ソレイユは「ケベック初・ケベック発のサーカス」というコンセプトのもとに（Babinski 2004）、1984年、ケベック州政府からの支援を受けたギー・ラリベルテ（Guy Laliberté）が創設した。その誕生の背景には、1967年のモントリオール万国博覧会、そして1976年のモントリオール・オリンピックがある。万国博覧会とオリンピックの影響を受けたシルク・ドゥ・ソレイユは、さまざまな国の文化を吸収するとともに、オリンピック選手を含めたアスリートを積極的に採用して、次第に国際舞台で活躍するようになったのである。日本でも、1992年から上演を重ねてきた。

　サーカスといえば、虎や象などの動物を用いた曲芸を思い浮かべることが多いが、シルク・ドゥ・ソレイユは動物を一切使わない。そしてパフォーマーの超人的な身体表象を最大限に見せるために、その「見せ方」に工夫がなされているのである。音楽や照明、そして大がかりな舞台装置などを駆使することで、それぞれの作品のテーマに即した幻想的な舞台空間を作り出している。身体表象により表現されるシルク・ドゥ・ソレイユの舞台は、さまざまな国で上演され、言葉の壁を越えて多くの人々を魅了している。

2 英語圏の舞台芸術

　カナダの歴史と呼応するように、英語圏の舞台芸術の発展は、フランス語圏のそれよりも少し遅れる。18世紀後半から、駐屯地でイギリス士官たちが、シェイクスピアやモリエールなどの作品を上演し始めた (Nothof 2009, Plant 1989)。19世紀には劇場が建設されていくものの、上演されたのはアメリカ合衆国やイギリスの巡業公演が主流であった。1932年には、良質な演劇を作り出そうとドミニオン・ドラマ・フェスティヴァル (The Dominion Drama Festival) が開催されたり、同年に創設されたカナダ放送協会 (Canadian Broadcasting Cooperation) が1936年にラジオドラマの放送を開始してその黄金期を迎えたりするものの (Wasserman 2013)、プロの劇団が活躍し始めるのは、第二次世界大戦が終わる頃まで待たねばならなかった。

　カナダ経済の好調に加え、1957年に設立されたカナダ・カウンシルは、英語圏の演劇に大きな変化をもたらした。誕生の背景には、1951年に発表されたヴィンセント・マッセイ (Vincent Massey) による『マッセイ報告書』がある。カナダの芸術・文学・科学に関するこの報告書では、カナダにおよぼすアメリカ文化の影響を脅威と捉え、カナダ独自の文化を育む必要性が主張された。その実践にあたっては、芸術家たちそして彼らを取り巻く環境への投資が不可欠となり、その目的のために創設されたのが、カナダ・カウンシルなのである。これにより、演劇界に金銭的な潤いがもたらされた。1958年のマニトバ・シアター・センター (Manitoba Theatre Centre) を皮切りに、カナダ・カウンシルの助成金により1970年までにはヴァンクーヴァー、エドモントン、リジャイナ、カルガリー、そしてトロントなどの主要な都市にリージョナル・シアターが創設され、地域の文化的発展が図られた。

　1960年代以降は、いかにしてカナダ独自の演劇を樹立し、「生き残る」かが課題となり、この傾向は、カナダを代表する小説家の一人マーガレット・アトウッド (Margaret Atwood) がカナダ文学を総括して「サヴァイヴァル」と名づけたことと重なる (Atwood 1972)。1967年には、カナダ連邦結成

100周年を迎え、カナダの文化的ナショナリズムがさらなる高まりを見せる。1969年には、首都であるオタワにナショナル・アーツ・センター（National Arts Centre）が創設され、カナダの舞台芸術のさらなる発展において重要な役割を果たしてきた。ナショナル・アーツ・センターでは、国内の優れた舞台芸術を上演するだけでなく、青少年向けのプログラムも充実しており、それらを通して、地域の文化的教育にも力を入れている。国立の芸術センターにふさわしく、カナダの公用語が英語とフランス語の二言語であることから、英語演劇部門とフランス語演劇部門が設置されている。2016年には、先住民演劇部門の設置が発表され、開館50周年を迎える2019年にはその最初のシーズンが始まった。思い起こせば、開館した1969年には、ヴァンクーヴァー・プレイハウス（Vancouver Playhouse）で初演されたジョージ・リガ（George Riga）の『リタ・ジョーの幻想』（*The Ecstasy of Rita Joe*, 1967）が、ナショナル・アーツ・センターで再演されていた。この作品は、植民者に抑圧されてきた先住民の悲哀を描いており、カナダ演劇史のなかでも意義深いものである。カナダを語るうえで、先住民は欠くことのできない存在であることが象徴的に示されている。

　上述のリージョナル・シアターに対して、より実験的な作品を生み出すことをめざすオルタナティヴ・シアターも設立されていく。1968年、トロントにシアター・パス・ミュライユ（Theatre Passe Muraille）が、フランスの演出家ロジェ・プランション（Roger Planchon）に学んだポール・トンプソン（Paul Thompson）によって創設される。その作品の特徴は、制作過程にある。地元の問題を扱い、俳優が直接リサーチを行ったうえで、即興で集団創作を行うのである。具体的な作品として『農場物語』（*The Farm Show*, 1972）やリック・サリューティン（Rick Salutin）の『1837年——農民の反乱』（*1837: The Farmers' Revolt*, 1973）などが挙げられる。ジェリー・ワッシャーマン（Jerry Wasserman）は、シアター・パス・ミュライユを「1970年代における最も重要な劇場」であると評価している（Wasserman 2013）。

　1970年代にはシアター・パス・ミュライユ以外にも、オルタナティヴ・シアターが創設される。たとえば、1970年には、トロント・ファクトリー・

シアター（Toronto Factory Theatre）が、ケン・ガス（Ken Gass）によって
カナダ演劇を上演することを目的に創設された。また、1971年にビル・グ
ラスコ（Bill Glassco）によって設立されたタラゴン・シアター（Tarragon
Theatre）は、カナダ演劇をメインストリームに押し上げることに寄与した
（Wasserman 2013）。ここでは、ミシェル・トランブレの作品を翻訳したも
のが上演され、英語圏でフランス語圏の作品が上演されたという点におい
て画期的であった。このほかにも、英語圏において代表的な劇作家である
ジュディス・トンプソン（Judith Tompson）やアン＝マリー・マクドナル
ド（Ann-Marie MacDonald）、さらにジョーン・マクラウド（Joan MacLeod）
やモーリス・パニッチ（Morris Panych）などの作品を上演してきた。1970
年代には、トロント以外の地域でもオルタナティヴ・シアターが発足し、カ
ナダ演劇の発展を促進した。

　劇作家においては、フランス語圏と同様に、それまでマイノリティとさ
れてきた人々、すなわち移民や先住民、そして女性やゲイの表象が顕著に
なった。また、宗主国の正典に挑戦する作品もみられるようになる。たと
えば、アン＝マリー・マクドナルドの『おやすみ、デズデモーナ（おはよう、
ジュリエット）』（*Goodnight Desdemona (Good Morning Juliet)*, 1990）で
は、悲劇として成立しているシェイクスピアの『オセロー』と『ロミオと
ジュリエット』を、実は喜劇だったのではないかという疑問をもとに、カナ
ダの宗主国であったイギリスの文化遺産の1つであるシェイクスピアの2
作品を解体していく。作品のなかでは、現実と虚構、自己と他者、男と女な
どさまざまな境界線が崩される。それによって規定の事実だとされていた
ものを疑い、異種混合性に新たなアイデンティティを見出す試みを読み取
ることができる。

　さまざまな劇場の創設や劇作家の台頭に加え、フェスティヴァルの開催
も、カナダにおける舞台芸術の発展を促進してきた。1953年より、オンタ
リオ州のストラットフォードでストラットフォード・フェスティヴァル
（Stratford Festival）が開催されている。その地名だけでなく、エイボン川
や点在する劇場など、シェイクスピアの生誕地であるイギリスのストラッ

トフォード＝アポン＝エイボンを想起させる点がある。しかしこのフェス
ティヴァルは、シェイクスピア作品のみならず、ブロードウェイ・ミュージ
カルやカナダ演劇も上演し、国内外から観客を呼び寄せている。また、
1962年には、ストラットフォード・フェスティヴァルと並び、二大演劇祭
として名高いショー・フェスティヴァル（Shaw Festival）がナイアガラ・
オン・ザ・レイクに創設される。このフェスティヴァルでは、アイルランド
の劇作家ジョージ・バーナード・ショー（George Bernard Shaw）の作品
を中心にさまざまな作品が上演されている。英語圏のフェスティヴァルと
いう印象が強いこれら2つのフェスティヴァルにおいて、トランブレやブ
シャールなど、ケベックの劇作家の作品が演目に含まれることもある。
2018年にはルパージュがストラットフォード・フェスティヴァルで『コリ
オレイナス』（Coriolanus）を上演したことからも、フェスティヴァルは英語
圏とフランス語圏の舞台芸術をつなぐ交流の場にもなっている。

　この他にも、『赤毛のアン』により多くの観光客を惹きつけているプリン
スエドワードアイランドでは、ミュージカルに特化したシャーロットタウ
ン・フェスティヴァル（Charlottetown Festival）が1964年より開催されて
いる。また、1975年に始まったオンタリオ州のブライス・フェスティヴァ
ル（Blyth Festival）は、農村でカナダ演劇を上演し、アン・チスレット（Anne
Chislett）などの劇作家を育て、地域演劇の活性化に貢献している。1987年
にはカルガリーのハイ・パフォーマンス・ロデオ（High Performance
Rodeo）、1991年にはトロントのサマーワークス・パフォーマンス・フェス
ティヴァル（SummerWorks Performance Festival）、さらに2002年にはマ
グネティック・ノース・シアター・フェスティヴァル（Magnetic North Theatre
Festival）が創設された。

　興味深いことに、1980年代からはシェイクスピアをテーマにしたフェス
ティヴァルが増え、野外で上演されているカルガリーのシェイクスピア・
イン・ザ・パーク（Shakespeare in the Park）、トロントのシェイクスピア・
イン・ハイ・パーク（Shakespeare in High Park）、ハリファクスのシェイ
クスピア・バイ・ザ・シー・フェスティヴァル（Shakespeare by the Sea

64

Festival)、さらにテント内で上演されるヴァンクーヴァーのバード・オン・ザ・ビーチ (Bard on the Beach) などがある。また、エディンバラを模範としたエドモントンのフリンジ・フェスティヴァルが1982年に成功を収めた。これ以降、審査を受けることなく誰でも作品を上演することのできるフリンジ・フェスティヴァルが他の地域でも盛んになり、カナダの多様な舞台芸術に彩りを添えている。

　この章では、カナダの舞台芸術をフランス語圏と英語圏に分類したが、ルパージュやシルク・ドゥ・ソレイユの作品に顕著な視覚性や、英語圏におけるフランス語圏作品の翻訳上演、さらに各地域で開催されているフェスティヴァルを通していえることは、フランス語圏と英語圏の境界が横断可能なものとなっていることである。今後、言語による差異を超えた異種混合的な作品がさらに増え、カナダの舞台芸術はより多様性を増していくに違いない。

引用文献

Atwood, M. (1972) *Survival: A Thematic Guide to Canadian Literature*. House of Anansi Press.
Babinski, T. (2004) *Cirque du Soleil: 20 Years under the Sun――An Authorized History*. Harry N. Abrams, p. 9.
Moss, J. (2009) Drama. In *The Cambridge History of Canadian Literature*. ed. C. A. Howells and E.-M. Kröller, Cambridge University Press, pp. 605-628. 邦訳部分は、翻訳書（ハウエルズ，C. A.・クローラー，E.-M. 編，日本カナダ文学会訳 (2016)『ケンブリッジ版　カナダ文学史』彩流社）を参照した。
Nothof, A. (2009) Canadian Drama: Performing Communities. In *The Cambridge History of Canadian Literature*. ed. C. A. Howells and E.-M. Kröller, Cambridge University Press, pp. 402-421.
Plant, R. (1989) Drama in English. In *The Oxford Companion to Canadian Theatre*. ed. E. Benson and L.W. Conolly, Oxford University Press, pp. 148-169.
Wasserman, J. (2013) Introduction. In *Modern Canadian Plays*. 2 vols. 5th ed. ed. J. Wasserman, Talonbooks, pp. 1-27.
木村和男 (1999)「イギリス植民地としての発展」木村和男編『カナダ史』山川出版社，pp. 112-162.

第5章

日本の教育の近代化とカナダの教会
関西学院の事例

池田裕子

はじめに

　切支丹禁制の高札が廃止された1873年、カナダのメソヂスト教会は日本に宣教師を派遣した。同教会は、東京、静岡、山梨、長野、北陸を主な伝道地とし、東洋英和学校、東洋英和女学校、静岡英和女学校、山梨英和女学校を創立した。さらに、1910年には神戸市東郊にあった関西学院の経営に参画した。関西学院は、1889年にアメリカ合衆国の南メソヂスト監督教会により創立された小さな学校であったが、カナダの参画を機に大きく発展した。本章では、日本人とアメリカ人とカナダ人が協力して経営にあたった一私学の戦前の歩みを顧みることで、日本の教育の近代化に貢献したカナダの役割の一端を明らかにしたい。

　第1節で関西学院の創立とその時代背景を述べる。第2節から第5節にかけ、カナダ人宣教師が関西学院にかかわるようになってからの出来事（高等学部開設・上ケ原移転・大学開設）を取り上げる。それらは、現在に続く関西学院の礎を築いたと考えられる。また、スクールモットーの提唱やキャンパスの整備、校風が育まれていく過程についても言及する。第6節でアメリカ合衆国とカナダの全宣教師が帰国せざるを得なくなった状況を説明したうえで、カナダの教会が関西学院に残したものは何であったか、戦後の象徴的出来事を紹介しながら、改めてふりかえる。

1 関西学院の創立と時代背景

　関西学院の創立母体となったメソヂストは、18世紀にイギリス国教会から分離したプロテスタントの一教派で、ウェスレー兄弟らが指導するオックスフォード大学生の「神聖クラブ」(Holy Club) がその始まりであった。敬虔な信仰にもとづく戒律に従い、神学研究などに励み、修道士的生活を重んじたことから「メソヂスト」(几帳面屋) と呼ばれたのが名前の由来である。イギリスで始まったメソヂスト運動は新大陸に伝わった。日本に宣教師を送ったのは、アメリカ合衆国とカナダのメソヂスト教会である。そのなかで、関西学院とかかわりが深かったのは次の3教会である。

　アメリカ合衆国北部のメソヂスト監督教会(南北戦争により、教会も南北に分裂していた)は、1872年に初めて宣教師を日本に送った。横浜、東京、長崎、函館を拠点に活動し、1874年から79年にかけ、女子小学校、耕教学舎、美会神学校 (いずれも青山学院の前身)、1881年に加伯利英和学校 (鎮西学院の前身)、1885年に福岡英和女学校(福岡女学院の前身)を創立した。

　カナダのメソヂスト教会(当初はウェスレアン・メソヂスト教会、1925年よりカナダ合同教会)は、1873年から宣教師を送り始めた。東京、静岡、山梨、長野、北陸三県を伝道地とし、1884年に東洋英和学校 (麻布学園の前身) と東洋英和女学校 (東洋英和女学院の前身)、1887年に静岡女学校 (静岡英和女学院の前身)、1889年に山梨英和女学校(山梨英和学院の前身)を創立した。

　南北戦争で敗北したアメリカ合衆国南部の南メソヂスト監督教会は、1886年になってようやく日本伝道を開始し、他のメソヂスト教会が手をつけていなかった関西、広島、四国北部、大分で活動した。こうして、1889年9月28日、原田の森 (現在の神戸市灘区) に男子校、関西学院が誕生したのである。創立者はW. R. ランバスだった。創立時につくられたのは神学部と普通学部 (現在の中・高にあたる) で、「本学院ノ目的ハ、基督教ノ伝道ニ従事セントスル者ヲ養成シ、且ツ基督教ノ主義ニ拠リテ日本青年ニ知徳兼備ノ教育ヲ授クルニアリ」(関西学院百年史編纂事業委員会 1997) と「関西学院憲法」(原文は英語) に規定された。普通学部は兵庫県の認可を受けた

が、神学部は無認可のままの出発であった。

　関西学院が創立されたのは明治もすでに半ばで、それまでの欧化主義が陰りを見せ始めていた。キリスト教に有利だった状況も変わりつつあった。1889年2月、大日本帝国憲法が発布された。その日、宗教の自由を主張していた文部大臣（初代）森有礼（ありのり）が、キリスト教徒だから国賊だとの理由で保守主義者により刺殺された。翌年、国会が開設され、教育勅語が発布された。1891年1月、第一高等中学校（第一高等学校の前身、現在の東京大学教養学部）で教えていたキリスト教徒の内村鑑三は、勅語奉読式の際、天皇の署名入り勅語に礼を尽くさなかったと世間から激しい攻撃を受けた（内村鑑三不敬事件）。

　こうしたキリスト教抑圧の動きは、1899年8月、文部省訓令第12号の公布により、国家権力による教育施策として形を現した。そこには、「一般ノ教育ヲシテ宗教ノ外ニ特立セシムルハ学政上最必要トス依テ官公立学校及学科課程ニ関シ法令ノ規定アル学校ニ於テハ課程外タリトモ宗教上ノ教育ヲ施シ又ハ宗教上ノ儀式ヲ行フコトヲ許ササルヘシ」（関西学院百年史編纂事業委員会 1997）とあり、宗教系学校、とりわけキリスト教主義学校にとって、その存在基盤を揺るがす一大事であった。すなわち、キリスト教主義教育を放棄し、法令によって認められた学校として存続するか、キリスト教主義教育を守り、各種学校の地位にとどまるかの選択を突きつけられたのである。

　これは、関西学院にとって大打撃であった。兵庫県の認可を受けスタートした普通学部は、文部省の認可を受けていなかった。そのため、上級学校への進学資格も徴兵猶予の特典もなかった。こうした特典を得られるよう、カリキュラム等を充実させ、努力を続けているさなかだったのである。

　カナダのメソヂスト教会が東京に創立した東洋英和学校（普通科、神学部）も、深刻な岐路に立たされた。伝道局は1900年3月をもって同校の廃校を決めた。1895年、同校普通科に尋常中学部（麻布尋常中学校と改称。1899年の中学校令により麻布中学校）を設立していた江原素六は新たな校地を求め、教会から完全に独立する道を選んだ。これが、アメリカ合衆国南部の教会が創立した関西学院の経営にカナダの教会が参画する遠因となった。

2　カナダの教会の参画

　東京で男子校の経営を諦めたカナダのメソヂスト教会は、アメリカ合衆国の南メソヂスト監督教会の誘いを受け、関西学院の経営に参画することになった。1910年、最初のカナダ人宣教師として、C. J. L. ベーツとD. R. マッケンジーが派遣された。当時の関西学院は、学生数289人（神学校26人、普通科263人。無認可でスタートした神学部は1908年9月、専門学校令による認可を受け、「関西学院神学校」となっていた）、教職員数27人で、キャンパスは創立の地、原田の森にあった。

　初年度2人で始まったカナダ人宣教師の数は増加し、基本的にアメリカ人5人、カナダ人5人の体制となった（カナダ側が5人揃ったのは1913年）。両教会は宣教師の派遣以外に、学校への援助金も同額負担した。関西学院の経常収支をみると、1914年度収入総額6万3871円の内4万7425円、1930年度収入総額27万7762円の内10万円が援助金であった。人件費とこの援助金は、アメリカ合衆国とカナダの教会員の献金により賄われていたことになる。

　宣教師は、7年ごとに1年の休暇が与えられ、本国に帰ることができた。それは、普段、文字でしか伝えられない日本のことを祖国の人に知ってもらう良いチャンスであった。本国での1年間、宣教師は各地の教会を回り日本のことを語った。自分たちが日本で行っている教育事業について説明し、さらなる支援を求めた。その際、宣教師の子どもが同行することもあった。1920年から40年まで関西学院で教えたM. M. ホワイティングの娘フローレンスは、父親に同行し、花柄の着物を着て、小さな傘を手に、「雨が降ります、雨が降る」と歌いながら踊ったと書いている（Metcalf 2012）。宣教師は、家族ぐるみで関西学院の教職員、学生と交流し、金銭面でも支えてくれていたのである。

3　C. J. L. ベーツと高等学部開設

　関西学院にとって初のカナダ人宣教師の一人であるベーツが、新婚間も
ない妻ハティを伴い来日したのは1902年、25歳の時であった。その頃のこ
とを「大変幸運な時でした」（Bates 1959; グルーベル 2019）とベーツは書い
ている。カナダのメソヂスト教会の日本伝道開始から30年近く経過してお
り、開拓者の時代はすでに終わっていた。しかし、キリスト教徒となった最
初の世代の日本人の多くが健在であり、そのような日本人と知り合えたこ
とをベーツは「幸運」と考えたのだ。そして、「日英同盟が締結されたばかり
で、イギリス的、アメリカ的なものが好まれました」（Bates 1959; グルーベ
ル 2019）と続けている。
　数年間、東京と甲府の教会で活動した後、ベーツは関西学院神学校教授
として1910年に着任した（**写真5-1**）。早速、第2代院長吉岡美国（よしくに）の助けを
借りながら、アメリカ人宣教師W. K. マシュースとともに高等学部の開設
準備を行った。もともと高等商業科開設の計画を立てていたところに、カ

写真5-1　関西学院のカナダ人宣教師とその家族（1914年）
後列左から：C. J. L. ベーツ、W. J. M. クラッグ、H. W. アウターブリッヂ、
R.C. アームストロング、H.F. ウッズウォース
（アルマン・デメストラル博士所蔵）

ナダの教会の参画により資金的余裕ができたため、文科が加えられること
になった。

　1912年、専門学校令による高等学部（文科・商科、現在の大学にあたる。
1921年より、文学部と高等商業学部。1935年より、後者は高等商業学校）が
開設され、ベーツは初代高等学部長に就任した。関西学院で正式に高等教
育が開始されたのである。この動きがやがて大学開設へと発展していく。
高等学部はまず、英語の修得を重視した。外国人教師は英語で講義を行い、
日本人教師は英文の教科書を用いた。次に、人格修養のため、心理学、社会
学、倫理学、聖書等を基本科目とし、極端な職業教育に流れる専門教育とは
一線を画した。さらに、国際感覚を養い、個人の特性を伸ばすことに注意を
払った。

　こうした人格主義的教育を学生に意識させるためにベーツが提唱したの
が、高等学部のモットー "Mastery for Service" であった。この言葉は、校
歌「空の翼」（1933年制作）でも歌われ、現在、関西学院全体のモットーに
なっている。関西学院大学高等教育推進センターの調査（2011年度）による
と、卒業生の84％がこのモットーを何らかの形で意識している。

　実は、"Mastery for Service" をモットーとする学校がカナダにある。
ベーツの母校マギル大学（モントリオール）にマクドナルド・カレッジが開
設された時、"Mastery for Service" がカレッジのモットーとされた。それ
は関西学院で提案される数年前のことであった。"Mastery for Service" に
ついて、高等学部長としてベーツが語った言葉が関西学院商科会会報『商
光』第1号（1915年）に掲載されている。しかし、マクドナルド・カレッジの
モットーとの関係には触れられていない。1999年秋、マギル大学名誉教授
ディヴィッド・ウッズウォース博士は、"Mastery for Service" についてこ
う語った。「ベーツ先生はマクドナルド・カレッジのスクール・モットーを
マネされたのです」（池田 2000）。同氏は、ベーツの片腕ともいえる H. F.
ウッズウォースの次男である。原田の森で育ち、ベーツ家と親しい付き合
いのあった同氏の言葉には信憑性があるのではないだろうか。

4　関西学院の発展

　カナダの教会が加わってからの関西学院の発展は目覚ましかった。神学部はすでに1908年に専門学校令にもとづく伝道者養成機関となっていたが、1915年、普通科の中学部への改称が認められ、名実ともに中学校令に準拠した教育機関となった。訓令第12号をめぐって、キリスト教主義学校と宣教師が粘り強く文部省と折衝を続けた結果、中学校という名称とその法的地位は得られなくとも、中学校と同等の学校であれば、同等の特典を得ることが認められるようになったのである。

　学生数の増加に伴い、校舎の建設も続いた。1922年4月18日付「院長報告」によると、「10年前300人だった学生数が、現在1600人になっている」。学生数の急増にバラック校舎でしのいだ時期もあったが、神学館（1912年）、中学部（1913年、1919年）、中央講堂（1922年）、文学部（1922年）、高等商業学部（1923年）と、赤煉瓦造りの美しい校舎が次々に建てられた（**写真5-2**）。建物と建物の間には芝生が植えられ、手入れも行き届いていた。関西学院のキャンパスは日本一美しいといわれ、新任の日本人教師は、「外国

写真 5-2　関西学院創立の地、原田の森（1917年頃）
左から：ブランチメモリアル・チャペル、神学館、本館
チャペルは今も創立の地に残り、神戸文学館として使われている。
（関西学院大学 学院史編纂室所蔵）

72

の公園を歩いているよう」と表現した（松澤 1980）。

　教師陣の充実にも力が注がれた。有望な宣教師がカナダから来日すると、すぐに関西学院に迎えた。ベーツは、東京の中央会堂（現在の日本基督教団本郷中央教会。近くに東京帝国大学があった）や甲府時代に築いた人脈を生かし、優秀な日本人教師を集めた。

　キャンパスが神戸港に近いという地の利から、海外のゲストの訪問にも恵まれた。ペリー提督とともに黒船で日本を訪れた最後の生存者といわれたキャプテン・ハーデーの講演会には1300人もの聴衆が集まった（1917年12月）。また、神戸（阪神間）で花開いたモダニズム文化の影響を強く受け、スポーツ、音楽、美術、文学の各分野に学生の伸びやかな活動がみられた。社会運動への積極的なかかわりも特徴のひとつであった。当時の学生会の取り組みは、淀川大洪水慰問活動、関東大震災救済活動、高野山大学との交換講演会、文化講演旅行、模擬帝国議会開催、移民法反対運動等、実に活発多彩で、赴任間もない東京帝国大学出身の松澤兼人教授（戦後、衆参両院議員）は、関東大震災の余震おさまらぬ東京に乗り込む、恐ろしく活動的な学生の姿を目の当たりにし、「官立の学校ではかうはいかないだらう」と驚きの声を上げた（松澤 1937）。

　こうした活動を支えたカナダ人宣教師の特徴として、年齢が若かったことが挙げられる。たとえば、**写真5-1**に写る5人の宣教師の着任時の年齢は、ベーツ33歳、クラッグ39歳、アウターブリッヂ26歳、アームストロング36歳、ウッズウォース30歳であった。一方、アメリカ人宣教師の年齢は、創立時、神学部長を務めたJ. C. C. ニュートンはすでに60代になっていた。最も若いマシュースでも40代を迎えていた。また、両者の英語の発音の違いについて、後年、ベーツの次男ジョンが興味深いことを書いている。「アメリカ人たちは両親たちとは違ったアクセントの英語を話しており、私は今でも、南部のアメリカ人宣教師たちは日本語を話すときでも南部訛で話していたことを憶えています。子どもの私たちはすぐに日本語が上達し、遊び仲間の日本人の子どもたちと同じように、その変なアクセントに気づきました」（ベーツ 1979）。

　さらに、別の角度から関西学院の発展を考えると、最初のカナダ人宣教師として、ベーツとともに派遣されたマッケンジーの働きも大きかった。ベーツより16歳年長のマッケンジーは、イビー自給バンドの一員として1887年に来日し、金沢の第四高等学校（金沢大学の前身校のひとつ）で英語とラテン語を教え、高い評価を受けていた。1891年、教会の日本年会の正式メンバーとなり、日露戦争中は金沢に育児院（現在の梅光児童園）を開設した。数字に明るく、アメリカ合衆国の教会との合同経営を熱心に推し進めたことで知られている。1913年3月に「中央ミッション」の任を受け、東京に移ったが、20年以上にわたり関西学院の理事長、または理事として抜群の財政能力を発揮した。高等学部長、そして1920年からは第4代院長を務めたベーツが「教育者」なら、理事長のマッケンジーは「財務長官」で、どちらが欠けても関西学院の発展はなかったであろう。こうして、カナダのメソヂスト教会は、教育と財政の両面から学校を支えたのである。

5　上ケ原移転と大学開設

　関西学院で初めて大学開設の話が出たのは、1914年3月の理事会であった。1918年12月6日に大学令が公布され、それまで帝国大学だけに認められていた学位の授与が府県や財団法人設立の大学にも認められるようになると、大学昇格運動として活発化した。その中核をなしたのは高等学部学生会だった。実は、学生会活動が活発であることは、高等学部開設時からの大きな特徴だった。その陰には、学生に責任を持たせ、自治実践の場をつくりたいというベーツ初代高等学部長の強い思いがあった。

　アメリカ・カナダ両ミッションによる連合教育委員会は、関西学院の大学昇格を一旦は認めたものの、1923年になると、第一次世界大戦後の不況を理由に、その延期を求めてきた。関西学院は、外国資金に頼らず、自力で大学を開設する道を探り始めた。

　1925年、願ってもない話が飛び込んできた。阪神急行電鉄（現在の阪急電

鉄) 沿線に格安の土地があることを友人の実業家河鰭節から知らされた高等商業学部教授菊池七郎は、現キャンパスを売却して移転すれば、大学昇格に必要な資金が手に入ると、カナダ人宣教師ウッズウォース文学部長に提案した。賛同したウッズウォースは、この話を直ちに同僚のアウターブリッヂに伝えた。こうして、2人の日本人と2人のカナダ人が協力して移転話を進めた。

その頃、ベーツの長男レヴァーは、阪神急行電鉄の小林一三（1927年から社長）を自宅に招いた父親がこう語るのを聞いた。「社長が私に安価で土地を売ってくださったら、私は毎日1万人の乗客を保証しましょう」(De Mestral 2013)。ベーツの保証通り、関西学院の最寄駅である阪急甲東園駅と仁川駅の2016年の1日平均乗降客数は、いずれも2万人を超えている。

1927年5月、武庫郡甲東村（現在の西宮市）上ケ原への移転が理事会で決議された（翌年2月、販売価格320万円、購入価格55万円で契約）。新キャンパスの設計はアメリカ人建築家 W. M. ヴォーリズに委ねられた。甲山を背景に、中央芝生を囲んで両側に赤い屋根瓦とクリーム色の壁の校舎が建つ新キャンパスへの移転は、1929年3月に完了した。同年、カナダは東京に公使館を設置した。初代駐日公使ハーバート・マーラーは、11月末に関西学院を訪れ、ベーツ院長の歓迎を受けた（関西学院新聞部 1929）（**写真5-3**）。

移転の次は大学開設である。1930年12月29日、理事会の命と臨時学生総会の決議を受け、ベーツは神戸港から北米に出発した。アメリカ合衆国ニュージャージー州アトランティック・シティで開催されるアメリカ・カナダ連合教育委員会に出席し、関西学院の大学昇格を求めるためであった。同委員会の承認を得ると、カナダ合同教会伝道局総会、さらに南メソヂスト監督教会伝道局総会に出席し、承認を求めた。使命を全うしたベーツは、1931年9月11日に帰国した。翌月8日、関西学院は大学設立認可申請書を文部大臣に提出した。

1932年3月7日、大学令による関西学院大学設立が認可された。早稲田や慶應義塾より12年遅れであった。同年4月、まず予科が開設され、初代学長（院長と兼任）に就任したベーツは、「関西学院大学のミッション」を発表した。

写真5-3　マーラー初代駐日カナダ公使（左）とベーツ第4代院長（1929年11月）
移転間もない上ケ原キャンパスの時計台の時計には針がなかった。
（アルマン・デメストラル博士所蔵）

　今、さらなる発展に向け、新たな一歩を踏み出す準備が整ったように思われます。「沖に漕ぎ出そう」［ルカ伝5章4節］。この一歩の重みを十分認識しています。大学を開設し、運営するのは容易なことではありません。私たちの目標を実現し、ミッションを達成するには、全学生、教職員、卒業生、支援者の誠意ある心からの協力が必要です。

　関西学院は二つの意味でミッションスクールです。第一に、ミッション（伝道局）によって創立された学校であること、第二にミッション（使命）を持った学校であること。（…中略…）

　私たちのミッションは人をつくることです。純粋な心の人、芯の強い人、鋭い洞察力を持った人、真理と義務に忠実な人、嘘偽りのない誠意とゆるぎない信念を持つ人、寛大な人です。

　この中で、私は「寛大さ」（magnanimity）を究極の理想にしたいと思います。それは、魂のもっとも崇高な姿です。これこそ、関西学院の学生および卒業生の理想であり、そのような人をつくりだすことが関西学院大学の偉大なるミッションなのです。

（Bates 1932；グルーベル 2019）

　関西学院大学のミッションは「人をつくること」だとベーツは明言し、「寛大さ」を究極の理想と考えた。しかし、このリベラルなメッセージとは正反対の道を当時の日本は歩みつつあった。

　予科開設から2年後、法文学部と商経学部が開設され、1937年に最初の卒業生を送り出した。翌年5月、ベーツが創立以来最多と報告した学生数は3154人（大学1149人、神学部53人、文学部267人、高等商業学校670人、中学部1015人）に達していた。入学試験にも多くの志願者を集め、大学予科3.3倍、文学部2.8倍、高等商業学校5倍、中学部4.5倍の狭き門であった。

6　宣教師の帰国

　関西学院が大学を開設した翌年、日本は国際連盟を脱退した。大学が最初の卒業生を送り出した数か月後、盧溝橋事件が起こり、日中戦争に突入した。1938年4月、国家総動員法が発令された。そんななか、1939年3月の卒業式で行ったベーツ院長の日本語スピーチの文言を問題視する声が学内外から上がり、日本の学校のトップは日本人であるべきと考える複数の日本人理事の存在が明らかになった。心を痛めたベーツは、関西学院の創立50周年記念式典を区切りに辞任する決意を固めた。1940年5月26日付で提出された辞表は、7月4日の臨時理事会で審議され、承認された。

　9月になると、基督教教育同盟加入の諸学校の会議で伝道局からの財政的独立の方針が申し合わされた。日独伊三国同盟が締結された時（9月27日）、「ジャパンは大変なことになる」とベーツは言ったと伝えられる（辻本2018）。10月、東京でベーツは宣教師仲間とカナダへの帰国について長時間話し合った。カナダ公使からは、女性と子どもに対する引き揚げ勧告が出されていた（Bates Diary, Oct. 14, 1940）。

　12月30日、ベーツは妻ハティとともに神戸港から帰国の途についた。見送りの様子をベーツは翌日の日記にこう記している。「私たちは最高の見送りを受けた。学校中の教職員、学生・生徒が来ているようだった。MS（中

学部）の吹奏楽部員は、午後一時から七時までそこにいて、校歌や『神とも
にいまして』や『君が代』や『蛍の光』を演奏してくれた。すばらしい演奏
だった。（略）私は人混みの中を歩き、大勢の人と握手した」（池田 2004）。

　関西学院の全宣教師は、1941年3月末までに日本を去った。1889年にア
メリカ合衆国の教会が創立し、1910年からアメリカ合衆国およびカナダ両
国教会の援助を受け成長してきた関西学院には、つねに宣教師がいた。そ
の発展は、アメリカ人とカナダ人と日本人の協力のうえに成り立ってい
た。その間、関西学院はアメリカ合衆国とカナダの植民地のような学校
だったのだろうか。ここに至って、ようやく自立したと考えるべきだろう
か。30数年前、関西学院への参画を南メソヂスト監督教会から求められた
時、「それはカナダ・メソヂストの最高の業績にもなる」（ノルマン 1980）
と、大賛成した宣教師D. マクドナルドの判断は正しかったのだろうか。

　1941年12月8日（現地時間12月7日）、日本はハワイの真珠湾を攻撃し
た。太平洋戦争が始まり、アメリカ合衆国とカナダは日本の敵国となった。
その3か月半前、ベーツはニューヨークのラジオ局から日本の状況をこう
訴えている。「現在、日本は四方——北、南、東、西——の敵と戦おうとして
いるようです。中国での戦争が終結しないまま、北のロシア、南の大英帝
国、海上のアメリカと戦争を始めるのは、確かにあまりに荷が重過ぎます。
注意深く観察することすら狂気の沙汰です！　手遅れにならないうちに、
より良く、より賢明で、より分別ある協議がなされるべきです」（グルーベ
ル 2019）。

おわりに

　戦後、カナダ人宣教師が関西学院に戻ったのは1947年であった。H. W.
アウターブリッヂに続き、A. P. マッケンジー（D. R. マッケンジーの息
子）、W. H. H. ノルマン（第12章に登場するハーバート・ノーマンの兄）が
関西学院に派遣された。アウターブリッヂは4月1日付で学長の職に就き、

戦時中閉鎖されていた神学部の再建に尽力した。さらに、理事長、第7代院長を務め、1956年に70歳で帰国した。「すでに日本においては宣教師がリーダーシップをとるべきでないという信念を固くもっていられた」（小林1976）という。それでも、関西学院に対する戦後復興のための金銭的支援は1970年代初めまで続けられたのである。

　本章の締めくくりとして、日本の教育の近代化と両国の友好にカナダの教会がいかに貢献してきたかを物語る、戦後の象徴的出来事をいくつか紹介しておこう。

　1959年、82歳になったベーツは関西学院創立70周年記念式典に招かれ、19年ぶりに来日した。その時、関西学院大学から名誉学位記第1号が授与され、兵庫県から国際文化賞が贈られた。また、11月4日には東京で昭和天皇のご引見を受けた。その時の模様は、『昭和天皇実録』に次のように収録されている。「関西学院名誉院長コーネリアス・ジョン・ライトホール・ベーツを、謁見の間において御引見になる。なお、同名誉院長は、カナダ国生まれ、明治四十四年（筆者注：正しくは明治三十五年）の来日以来長年にわたり日本の私学振興に尽力し、またカナダ国における在留邦人の世話を行った。この度は関西学院創立七十周年記念式典に出席のため来日した」（宮内庁 2017）。

　さらに、アジア初となる、第18回オリンピック競技大会が1964年10月10日から24日まで東京で開催された時、全国吹奏楽コンクールで2年連続優勝した関西学院応援団総部吹奏楽部がオリンピックで賑わう日本を後にした。カナダ選手団派遣のための特別機を利用し、カナダ親善演奏旅行に向かったのだ。その3年前に関西学院を訪問したディーフェンベーカー首相への答礼の意味合いもあったという（**写真5-4**）。観光による海外渡航が制限つきで自由化されたばかりのこの頃、各国選手団派遣機を利用したチャーター計画がオリンピックを前に次々に申請されたが、日本の航空運賃体系を乱すとの理由から却下された。関西学院の申請だけが、外務省と運輸省の好意により、唯一の例外として認可された（関西学院同窓会 1964）。

　吹奏楽部が乗った飛行機は、羽田からモントリオールまで12時間半で飛

写真5-4　関西学院を訪問したカナダのディーフェンベーカー首相（1961年10月29日）
左端に小宮孝第9代院長、その右に堀経夫学長（ランバス記念礼拝堂（上ケ原）前にて）
（関西学院大学 学院史編纂室所蔵）

んだ。ベーツの母校、マギル大学を皮切りにヴァンクーヴァーのブリ
ティッシュコロンビア大学まで、バスで移動しながら20回以上の演奏を行
い、各地で歓迎を受け、マスコミにも大きく取り上げられた。そして、第7
代院長アウターブリッヂとの再会、前年亡くなったベーツの墓参りを果た
し、オリンピック閉会式の夜遅く日本に帰国した。

　1981年、大学の総合コースに「カナダ研究」が設けられ、初のカナダ研究
客員教授としてカナダ政府からクレアレンス・レディコップ博士夫妻が派
遣された。それに先立ち、カナダ大使館から約50冊の図書寄贈を受けた。
1986年、関西学院大学とトロント大学ヴィクトリア・ユニバーシティとの
間で協定が結ばれ、学生交換が始まった（アメリカ合衆国の南メソジスト
大学に続いて2校目）。その後、カナダの協定校は増加し、2019年4月現在、
14大学と協定が結ばれている。2011年、「日加大学協働・世界市民リーダー
ズ育成プログラム『クロス・カルチュラル・カレッジ（CCC）』」（協定校の
マウント・アリソン大学、クイーンズ大学、トロント大学と連携）が文部科
学省の「大学の世界展開力強化事業」として採択され、多額の助成金を得た

80

（コラム10「**クロス・カルチュラル・カレッジ（CCC）**」参照）。

　こうして、カナダのメソヂスト教会の経営参画を機に発展を続けた関西
学院は、幼稚園、小学校、中学校、高校、インターナショナルスクール、短期
大学、大学、大学院を擁する総合学園となった（**写真5-5**）。2019年現在、8
つのキャンパス（西宮上ケ原、西宮聖和、神戸三田、宝塚、千里国際、大阪梅
田、東京丸の内、西宮北口）に2万9000人以上の園児・児童・生徒・学生が
学んでいる。同窓生は約23万人にのぼり、カナダのトロントとヴァンクー
ヴァーには同窓会の支部がある。

　関西学院の発展を支えたカナダ人宣教師のうち、マッケンジー父子、
アームストロング、ウッズウォースの墓は東京の青山霊園外人墓地にあ
る。そこで、幕末から明治期にかけて来日し、日本の近代化に貢献した外国
人・紙幣・切手印刷の基礎を確立したキヨッソーネ、近代水道の父パー
マー、近代窯業育ての親ワグネル、近代外科学の基礎を築いたスクリバ等
とともに眠っている。

写真5-5　関西学院西宮上ケ原キャンパス

（関西学院 広報室所蔵）

引用文献

Bates, C. J. L.（1932）The Mission of K. G. University,『関西学院新聞』大学昇格号 , p. 4.

Bates, C. J. L.（1959）These Sixty Years in the Ministry,『関西学院七十年史』pp. 558-576.

De Mestral, A.（2013）Chapel Talk, Kwansei Gakuin Junior High School, April 19, 2013.

Metcalf, F. E.（2012）*A Centennial of Memories 1912-2012 "Dad, Mom and Me,"* private edition.

池田裕子（2000）「カナダ訪問記── C. J. L. ベーツ第四代院長関係資料調査の旅」『関西学院史紀要』第 6 号 , pp. 154-193.

池田裕子（2004）「ベーツ院長辞任の真相を探る──『ベーツ日記』を手がかりとして」『関西学院史紀要』第 10 号 , pp. 37-73.

関西学院新聞部（1929）「学院を訪ねるマラー新公使」『関西学院新聞』第 47 号 , p. 1.

関西学院同窓会（1964）「吹奏楽部カナダへ」『母校通信』第 32 号 , p. 28.

関西学院百年史編纂事業委員会編（1997）『関西学院百年史　通史編 I 』学校法人関西学院

宮内庁編（2017）『昭和天皇実録　第十二』東京書籍

グルーベル , R. M. 監修（2019）神田健次・池田裕子編『ベーツ宣教師の挑戦と応戦』関西学院大学出版会

小林信雄（1976）「H. W. アウターブリッジ先生を偲ぶ」『関西学院広報』第 14 号 , p. 1.

辻本由美（2018）「高等商業学部と商経学部で学んで──齋藤昭氏に聴く」『関西学院史紀要』第 24 号 , pp. 87-107.

ノルマン , W. H. H.（1980）「関西学院を支えた愛の歴史──カナダ合同教会と関西学院」『関西学院通信クレセント』第 4 巻第 1 号（通巻第 7 号）, 学校法人関西学院 , pp. 132-137.

ベーツ , C. J. L., Jr.（1979）「神戸、関学そして父」『関西学院通信クレセント』第 3 巻第 2 号（通巻第 5 号）, 学校法人関西学院 , pp. 111-112.

松澤兼人（1937）「役員選挙風景」『關西學院學生會抄史』關西學院學生會 , pp. 99-100.

松澤兼人（1980）「"モダン寺小屋"で師弟むつまじく教え、教えられる」『関西学院大学体育会 OB 倶楽部会報』第 10 号 , pp. 50-51.

コラム4 ベーツ院長の故郷ロリニャル

　2012年8月27日午前10時、私は車でモントリオールを出発した。オタワ川北岸を走るケベック州道148号線を90分ほど西に進むと、対岸にオンタリオ州ロリニャル（L'Orignal）が見えた。1920年から40年まで第4代院長を務めた（1932年からは初代学長を兼任）、関西学院初のカナダ人宣教師 C. J. L. ベーツ（1877-1963）の故郷である。ロリニャルとはフランス語で「ムース」（ヘラジカ）の意味だが、戦前の関西学院はフランス語に対する認識が浅かったのか、学院史編纂室所蔵の日本語履歴書には「リオーリナル村」と記載されていた。

　北にローレンシア高原を望むこの美しい村は、首都オタワとモントリオールのちょうど中間に位置する。ベーツが住んでいた頃の人口は約1000人で、その3分の2はフランス系だった。村には、大きなカトリック教会と3つの小さなプロテスタント教会があった。ベーツ少年は、日曜の朝は長老派、午後は聖公会、夕方はメソヂスト教会に通っていた。この3つの異なる教会での祈りと礼拝と賛美の経験が自分のライフワークの原点だったと、晩年、ベーツはふりかえっている。

　この地で、大理石と御影石を商っていたベーツの父親は、原石の大量一括購入と自社加工により販売価格を抑え、成功していた。マーストン通りと波止場通りの角にあったという自宅と会社はすでになかった。すぐ北をオタワ川が流れていた。オタワ川は、昔も今もモントリオールでセントローレンス川に合流する。

　当時、列車に乗るには川幅2.4キロメートルのこの川を渡る必要があった。ロリニャルと対岸カルメ（Calumet）を結ぶボニート丸の船長と機関士は、フランス系カナダ人で、ナポレオンを敬愛するこの機関士と、英語とフランス語のちゃんぽんで話をするのが何よりの楽しみだったと、ベーツは書いている。のちに、ボニート丸よりはるかに大きな船で、オタワ川とは比べものにならないほど広大な太平洋を自分自身が7往復半（シベリア鉄道を使いヨーロッパ経由でカナダに帰国したことがあるため8往復にはならない）もすることになろうとは、当時のベーツには知る由もなかっただろう。しかし、故郷の川の流れは確かに関西学院につながっていたのである。　（池田裕子）

子ども時代のベーツ（右）（1886年頃）
母ジュリエット（中央）、弟ロバート（左）
（アルマン・デメストラル博士所蔵）

第**6**章

カナダのケベック州とメープルシロップ

友武栄理子

はじめに

　カナダの東部に位置するケベック州の総面積は154万2056平方キロメートル（カナダ全土の約15.5％、日本の面積の約4倍）で、人口はカナダの総人口の約4分の1にあたる約839万人（2018年）である。首都はケベックシティ（英語Quebec City, フランス語Ville de Québec）で、主要な都市は、カナダで第2番目の都市であるモントリオールである。その大都市圏にケベック州の人口の約半分が住む。州の公用語はフランス語（カナダ連邦政府の公用語は英語とフランス語）で、ケベック州の人口の約8割が家庭でフランス語を話している。

　北部は北極海に面し、寒帯である。南部と西部地域は亜寒帯であり大陸性気候で四季があるが、長く厳しい冬が特徴である。その極寒の暮らしを豊かにする知恵にあふれている伝統料理は、17世紀にフランス北部の港を出てセントローレンス川の沿岸地域に入植した開拓移民が持ち込んだ食生活と、このあたりの先住民との友好関係によって知り得た食材や調理法との組み合わせによるものである（Benoit 1973）。「開拓時代のおじいさんの偉業を大切に、おばあさんの味を大切に」と、厳しい気候風土、過酷な生活状況のなかで育まれ、引き継がれ、今日のケベック州の家庭に大切に伝え

られてきたものである（Couillard 1981）。メープルシロップに代表される
固有の伝統的な食材や料理に対するケベックの人々の想いは、ケベコワ
（Québécois）と自らを呼ぶケベック州の人々のアイデンティティ確立の要
素のひとつとなっている。

1　ケベック州

　1万〜2万年前、北米大陸の先住民の祖先は、アジア大陸からシベリア、
そしてベーリング海を渡ってきたモンゴル系の人々だといわれている。こ
れら先住民は、一部は寒帯の北極圏にとどまり、その他は生活空間を徐々
に広げて亜寒帯や中南米南端にまで到達した人々など多様である。北極圏
とその周辺にはシカ科のトナカイ（北米ではカリブーと呼ばれる）、平原地
帯にはウシ科のバイソンが生息し、このあたりの先住民は主に狩猟生活を
しながら定住せずに暮らしてきた。100以上もあったと推定される北米大
陸の先住民の部族のうち、やがて東部のセントローレンス川流域（おもに
現在のケベック州とその周辺）に定住する道を選んだアルゴンキン、イロ
コイなどの部族は、カリブー、ウサギ、キジなどの狩猟とともに、豊かな森
の恵みを受けて、木の実や果実、キノコの採取をしながら、また、大小の湖
や汽水域でサケ、マス、ウナギを獲りながら、やがてはセントローレンス川
岸辺の肥沃な平野部で農耕を行うようになった。カボチャ、ズッキーニな
どの瓜類、インゲン、エンドウなどの豆類、トウモロコシは、当時から現在
までも栽培が継承されてきた代表的な農作物である。定住した彼らは、長
く厳しい寒さのなかで生きながらえるために穀物を貯蔵し、狩猟で得た動
物は干し肉に、魚は燻製品とするなど、さまざまに工夫を凝らして暮らし
ていた（Dorion 1997）。
　一方、ヨーロッパ諸国は、ポルトガルやスペインを中心として航海や造
船の技術が発達した15世紀からの大航海時代に、各国王の命により、探検

を目的とした遠洋航海を実施し、新航路や新大陸の発見を競っていた。
1492年にはスペイン王の命を受けコロンブス（Christophorus Columbus, 1451-1506）が、バハマ諸島中央部の、後にサン・サルバドル島と名づけられた島に上陸した。スペイン、ポルトガルに続いて16世紀には、フランスやイギリスの探検家たちもまた、王の支援のもと、富の象徴である金や香辛料を求めてアジア大陸をめざしていた。そして、大西洋に漕ぎ出したヨーロッパ人たちは、暖流と寒流がぶつかるプランクトンが豊かな漁場グランドバンクスから産卵のために回遊するおびただしい数のタイセイヨウタラなど、新大陸周辺の海域の豊かな水産資源にまず魅了され、導かれるように行き着いた先が北米大陸東部の海岸であった。未知なる計り知れぬ富の獲得、領土の拡大による政治的な権力の増大、カトリックの布教など、ヨーロッパの人々にとって、この新大陸は多くの魅力にあふれていた。

　1534年、フランスのフランソワ1世（1494-1547）の命を受けたジャック・カルティエ（Jacque Cartier, 1491-1557）は、セントローレンス川河口に位置するガスペ半島東端に到達し、十字架を建てて、フランスが領有することと宣言し、「ヌーヴェル・フランス」（Nouvelle France）と名づけた。翌1535年、カルティエの探検隊は、河口の幅が150キロメートル、全長1200キロメートルの大河であるセントローレンス川を遡り、急速に川幅が狭くなっている付近で上陸し、現在のケベックシティ近くの「スタダコネ」と呼ばれた村にたどり着いた。ちなみに、「ケベック」は、先住民のアルゴンキン族の言葉で「川幅の狭まったところ」の意味である。

　そして、2度目はセントローレンス川をさらに遡り、現在のモントリオールにまで到達したカルティエ一行は、初めて北米の内陸部にまで進んだヨーロッパ人であるとされる。3度目の1541年の越冬では、カルティエの探検隊の一行は極度の寒さゆえに多くの死者を出したが、先住民の差し出した薬草によって、かろうじて全滅を免れている。内陸部に進んだ人々は、当時のヨーロッパ社交界で山高帽などの礼装用の帽子やコートに重宝されていたビーバーなどの小動物の毛皮が、厳寒地に生息しているがゆえに毛が密で上質なことに魅了された。さらに、16世紀のフランスに続き17世紀

写真6-1 「ヌーヴェル・フランスの父」と呼ばれるサミュエル・ド・シャンプランの像 （2019年6月，友武撮影）

にはイギリスが交易を開始し、北米の地は、先住民とヨーロッパ人による毛皮交易という大きな役割を得たのである。

　フランスの探検家であり、地理学者でもあるサミュエル・ド・シャンプラン（Samuel de Champlain, 1567-1635）は、1608年に現在のケベックシティの旧市街に、アビタシオンと呼ばれる商人たちの居住区を手始めに、要塞基地であり毛皮交易の拠点として、ケベック植民地を建設した。彼は1633年に総督となり、「ヌーヴェル・フランスの父」「カナダ建国の偉人」と呼ばれている（**写真6-1**）。台座を含めて高さ15メートルの彼の像は、旧市街のランドマークであるシャトー・フロントナック・ホテルのテラスにそびえ立っている。

　1663年にはフランスの王領直轄地となり、1688年に、ルイ14世（1643-1715）の胸像がフランスから贈られて、ケベック旧市街「王の広場」中央に、セントローレンス川の方角に向けて設置された。「王の広場」付近は、セントローレンス川に直に面した水辺にあり、先住民との物々交換の場で、のちには船着き場としても機能していた。この港にはカトリックの宣教や教育のためにフランスから来た修道士や修道女が上陸し、ケベックには教会、学校、病院が建てられた。フランスから渡ってきたのは、船乗り、漁業従事者、毛皮商人、兵士と続き、ヌーヴェル・フランスは男性の多い社会であった。そこで、1663年から73年にかけては「王の娘たち」と呼ばれるルイ14世から持参金を贈られた総数約800名の花嫁が順次上陸し、彼女たちは彼女たちの生活スタイルで家庭を営み、家族を支えた。1680年頃には港の周辺に商人をはじめとする300人が暮らすフランスの建築様式の住居が建ち、1687年から1723年にかけては、北米最古の石造りの教会である「勝利

のノートルダム教会」が建設され、のち
に世界遺産となるケベック旧市街の
美しい街並みが築かれた（**写真6-2**）。

　1642年に、セントローレンス川を
さらに遡った立地の良い場所にヴィ
ル・マリー（「マリア様の町」の意味、
のちのモントリオール）が建設される
と、毛皮交易の拠点は徐々に、地の利
の良い、この新しい街に移っていくこ
とになる。フランスの商人たちはカ
ヌーによってモントリオールから五
大湖に至る長い距離を移動し、毛皮を
集めることができた。もう一方のイ
ギリスは、ハドソン湾から内陸へと進

写真6-2　ケベック旧市街「王の広場」に
ある勝利のノートルダム教会とルイ14世像
（2008年8月，友武撮影）

んだように、両国は異なった部族と組み、それぞれ独自に毛皮の交易ルー
トを開拓していたが、その権利をめぐってしばしばイギリスとフランスの
間で争いとなった。さらに、ヨーロッパで起こった七年戦争（1756-1763）の
影響を受け、1759年にはアブラハム平原（ケベックシティの高台）において、
フランス軍はイギリス軍の包囲作戦によって敗北した。結果として、フラン
スは植民地ヌーヴェル・フランスを失い、重要拠点として発展した毛皮取引
の中心地であったモントリオールの支配権もまたイギリス系に移った。

　しかし、1774年のケベック法によって、ほぼ現在のケベック州にあたる
地域に住む人口の9割を占めるフランス系の住民は、フランス語の使用、カト
リック信仰、フランス民法の遵守を許され、その後、北米のフランス系住民の
中枢としての歴史を歩むことになる。彼らはフランス系カナダ人と呼ばれる
ことを望まず、自らを「ケベック人」を意味するケベコワと呼び、"Je me
souviens."（「私は覚えている」、あるいは「私は忘れない」）を合言葉に、イ
ギリス系カナダの支配による長い忍従の時代を、団結して生き抜いてきた。

　ケベック州では、1950年代半ばに急進的なフランス系住民による民族主

88

義が起こり、カナダからの分離・独立を要求するケベック・ナショナリズムの動きとなり、ケベック州におけるフランス系住民の地位向上、政治的主権の獲得がめざされた。そして、1960年以降の近代化に向けた改革である「静かな革命」によって、教育制度の脱宗教化、電力の州有化などが実現し、また、1967年のモントリオール万国博覧会、さらには1976年のモントリオール・オリンピックを経験して、ケベック州は急速な変化を遂げた。そして、ケベック州政府は1980年と1995年にカナダからの分離・独立の是非を問う住民投票を行った。1980年は独立賛成40.4％、独立反対59.6％で否決、1995年には独立賛成49.4％、独立反対50.6％のさらなる僅差で否決された。2006年、当時のハーパー政権は「統一されたカナダのなかのネイション」であると、ケベック州がカナダ枠内にあることを確認した。現在は、分離・独立運動は下火で、カナダ連邦にとどまり、ケベック州の州権強化をめざす路線を歩んでいる。

　ケベックシティの旧市街は1985年に「ケベック旧市街の歴史地区」として北米大陸で最初のユネスコ世界文化遺産に登録された。ここは、北米大陸におけるフランス系の始まり、カナダの国の始まりとなった地である。ケベックシティには、1763年のパリ条約でイギリス支配となったのちも、今日までフランスの伝統と文化を守り続けてきた証の美しい街並みがある。ケベック旧市街のフランス様式の集合住宅は、古い石造り、石積みを復

写真6-3　モントリオールの旧市街にあるノートルダム・ド・ボンスクール教会と右隣のマーケット
（2019年6月，友武撮影）

元し、さらに内部を機能的にして1967年に再構築された。集合住宅の1階はレストランやギャラリーとして、旧市街観光の人々が集う場所となっている。また1975年にはシャンプランの住居跡の発掘調査が行われ、その出土品はルイ14世像の背後に建つ博物館に保存、展

示されている。

　モントリオールは人口規模がケベック州第一の都市であり、カナダ国内ではトロントに次ぐ大都市で、大都市圏の人口は約430万人である（2019年）。ケベックシティが行政と対フランス貿易の中心であったのに対して、モントリオールは毛皮交易所であったため金融の中心となり、1817年創設のモントリオール銀行は、北米最古の特許銀行としてカナダの金融・商業界に君臨した。モントリオールは農村部からのフランス系の流入により、1870年頃にはフランス語人口が多数派となり、フランス語圏の大都市として「北米のパリ」と呼ばれている（**写真6-3**）。

2　メープルシロップ（英語：maple syrup、仏語：sirop d'érable）

　17〜18世紀に、フランス北部のノルマンディー地方や北西部のブルターニュ地方から、開拓農民が北海岸のサン・マロやディエップの港を出て海を渡ってケベックシティの港に上陸し、周辺に入植した。フランス北部の彼らの住んでいた地域は、ブドウや小麦の育たない土地柄であった。ブドウから作るワインに代えてリンゴから作るシードルや、小麦粉ではなくソバ粉のクレープがあり、土壌の似ているケベックにおいても同様にリンゴとソバを栽培した。また、酪農を常としていたことから塩蔵豚やソーセージなどの豚肉加工品、さらに、チーズをはじめとする乳製品を中心とする食習慣を持ち込んだ。この地域の先住民とフランスからの開拓移民は婚姻関係を含む友好関係を長年にわたって築き、極寒地における食生活の知恵や工夫が先住民から伝授された（Lambert 2006）。燻製の技術とともに、サトウカエデの樹液から得られる甘味料メープルシロップの製造はその代表的なものである。

　ケベック州は、現在メープルシロップの世界最大の産地である。サトウカエデは、ケベック州やオンタリオ州、アメリカ合衆国北東部の一部に自生するカエデ科の落葉高木で、樹高は30〜40メートル、直径は50〜100セ

90

写真 6-4　メープルウォーター採取中のバケツ
オルレアン島の砂糖小屋近くのサトウカエデ林にて
（2013 年 4 月，友武撮影）

ンチメートルにもなる。かつて、この地域の先住民は、リスなどの小動物がカエデの幹から滴り落ちる液体を吸っているのを見て、樹液が甘いことに気づいたといわれ、古くは幹に傷をつけて、木の皮の容器で受けていた。サトウカエデは、ほかにもその樹皮のチップによる燻煙が、鮭など

の保存食に甘い香りを添えていた（長谷川 1994）。

　1800 年頃になると、幹に差し込んだ蛇口からバケツで樹液を受け集めて馬車で麓の作業場に運んでいたが（**写真6-4**）、現在はビニールチューブを林のなかに張り巡らせて、ジョイントを用いて順に太いホースに合流させ、砂糖小屋に自動的に集まる仕組みになっている。焚き火にかけた鉄鍋で煮詰めていた作業工程は、19 世紀になると、サトウカエデの林のなかに建てられた「砂糖小屋」と呼ばれる専用の作業場で行われるようになった。サトウカエデの樹液を煮詰めて作る基本の工程は変わらないが、20 世紀には、ステンレスの蒸発装置など設備の近代化によって生産量が飛躍的に増大した（Girard-Audet 2012）。2016 年に世界で流通したメープルシロップの 72％がケベック州産で、2019 年は過去最高生産量の 7212 万キログラムであった（Producteurs et productrices acéricoles du Québec 2019）。

　サトウカエデは、氷点下 20 ～ 30℃ にもなる厳しい寒さに耐えるために、夏の間にでんぷんを生成して木のなかに蓄え、それを糖分へと変化させていく。早春、地面に雪の残るサトウカエデの林では、木の根元から雪が溶け始め、同時に芽吹きに向けて樹液が徐々に活発に動き始める。この時期は寒暖の差が激しく、夜の気温は氷点下になり、幹の内部が真空状態になって、土壌の水分やミネラル分が木の内部へと吸い上げられる。一方で、日中は気温が上がって幹が温められて樹液は押し戻される。これらの働きを利

用して、新芽の出る直前までの、おもに3月から4月にかけて約6週間、樹液の採取が行われる。

　ケベック州では、メープルシロップの多くが樹齢150 ～ 200年の自然林のサトウカエデから生産されており、樹齢が40 ～ 60年以上、幹の直径30センチ以上が採取可能となる。採取口の穴は幹の直径が20センチ増えるごとに1個を追加するが、4個以上は開けないとされる。ただし、開けた穴は自然に塞がるので、次の年には別の場所に新たに穴を開ける。そして、1シーズンに1本の木から約40 ～ 80キロリットルの樹液が採れる。メープルウォーターと呼ばれる樹液は、逆浸透膜によって砂糖水50%と純水50%とに分けられる。この時点でようやく、たいていの人がこの砂糖水に初めて微かな甘みを感じることができる。色は、汲み上げたグラスを透かしてみて、うすく黄色に色づいている程度である。分離された純水の方は、ウィスキーを割るのに需要があり、瓶詰で販売されている。砂糖水40リットルを蒸発機のなかで104℃に煮立たせ、1リットルにまで煮詰めたものがメープルシロップである。そして、このメープルシロップをさらに煮詰めて、濃縮や攪拌によって、水の沸点以下で乳白色のメープルバター（メープルスプレッド）となり、水の沸点以上でメープルシュガー（顆粒やフレーク、粉状）などの製品となる（Dupont 2004）。

3　早春の砂糖小屋で

　長く厳しい冬を乗り越えた先に、早春の行事であるメープルシロップの採取がある。おおむね3月初めから4月半ばまで、オルレアン島をはじめケベックシティの郊外にある砂糖小屋と呼ばれる生産者所有の作業場は、場所によって一般向けに公開されており、ケベックの人々はピクニックのように集う。何万本とあるサトウカエデの林を散策し、併設のレストランで伝統的な料理を味わい、開拓時代の民謡の演奏に酔いしれる幸せな時間である。供される食事は、伝統料理の代表格である乾燥エンドウなどのポター

92

写真 6-5　トルティエールなどの郷土料理
収穫祭では、できたてのメープルシロップをかけて食べる
（2013 年 4 月，友武撮影）

ジュで、Mongrain-Dontigny（2004）によると先住民が客人をもてなすためにつねに火にかけていたトウモロコシや豆の粥状のものから受け継がれたといわれる「スープ・オ・ポワ」から始まり、塩蔵豚肉のバラ肉、肩肉、腎臓のミンチと玉ねぎを煮てペースト状にした「クレトン」とパンが運ばれる。それから、ラードをとったあとの豚肉の脂身をチップス状に揚げたもの、ビーツの酢漬け、さらには、肉と野菜のミートパイ、トナカイの肉だんご、ソーセージ、茹でたジャガイモ、いり卵、少量の塩蔵豚と玉ねぎで白インゲン豆を煮た「フェーヴ・オ・ラール」などが並ぶ。ミートパイのうちトルティエールと呼ばれるものは、地方によって中身に特徴があり、ケベック州の家庭で最も好まれている郷土料理である。それらを取り分けた皿に、できたてのメープルシロップをたっぷりかけるのが習わしである（**写真6-5**）。デザートは、ソバ粉のクレープと、メープルバターをタルト生地に流して焼いた格別に甘いパイである。温かい料理とかけ放題のできたてのメープルシロップに、お腹も心も満たされる。砂糖小屋にはケベック州の内外から集まった人々の幸せそうな声があふれる。小屋の外での楽しみは、タフィーという棒つきキャンディーである。メープルシロップをさらに 111 ～ 117℃ で煮詰めた水飴状のもの

写真 6-6　タフィー
メープルシロップを煮詰めたものを雪で
固めたパレットに流し、巻き取って食べる
（2007 年 5 月，友武撮影）

を、雪を敷き詰めた特製の細長い木の台の上に落とし、棒に巻き上げて作る。まわりは雪と接してやや固まっているが中は柔らかい。このパレットと呼ばれる台は、ケベックシティのウィンター・カーニヴァルの会場や旧市街などの街角にも登場する。早春にも

写真 6-7　ケベック旧市街に降る早春の雪と「王の広場」のフランスの建築様式の集合住宅
（2007 年 4 月，友武撮影）

雪が残るケベックならではの楽しみである（**写真6-6**）。

　このように、ケベックの人々にとって、メープルウォーターの収穫とメープルシロップの製造は、長い冬が明けて待ち焦がれた春の訪れを祝う「風物詩」としての意味合いがある。一年のうちでこの期間が、ケベックの人々の最も喜びがあふれるときであり、砂糖小屋は、彼らの合言葉、"Joie de vivre"「生きる喜び＝人生を楽しく」を最も実感できる場である（**写真6-7**）。

引用文献

Benoit, J. (1973) *La nouvelle encyclopédie de la cuisine*. Les Messageries du Saint-Laurent.
Couillard, S., Normand, R. (1981) *Cuisine traditionnelle d'un Québec oublié*. Suzette Couillard.
Dorion, J. (1997) *Saveurs des campagnes du Québec: La route des délices du terroir*. Les Editions de l'Homme.
Dupont, J.-C. (2004) *Le temps des sucres*. Les Editions GID.
Girard-Audet, C. (2012) *La cabane à sucre*. Les Malins.
Lambert, M. (2006) *Histoire de la cuisine familiale du Québec-Volume 1: Ses origines autochtones et européennes*. Les Editions GID.
Mongrain-Dontigny, M. (1995) *Traditional Quebec Cooking: A Treasure of Heirloom Recipes*. Les Editions La Bonne Recette.
Producteurs et productrices acéricoles du Québec (2019) Sirop d'érable du Québec: Une excellente récolte 2019 (Communiqué de presse, le 12 juin 2019). https://ppaq.ca/wp-content/uploads/2019/06/PPAQ_Recolte2019_siropderableQc.pdf/（最終閲覧日：2020 年 2 月 5 日）
長谷川マリー（1994）『マリーのケベック田舎料理』雄鶏社

94

コラム5　カナダの二言語主義

　カナダは英語とフランス語を公用語とする国である。日本語がどこでも当たり前のように使われる日本のような国にいると、2つの公用語がひとつの国に存在するということがどういうことか、わかりにくいかもしれない。一般には、話者人口が多数を占める言語が優勢となり、少数派の言語を話す人々が多数派の言語を習得して二言語話者となることが多い。そして、少数派の言語のみを話す人の社会経済的地位は低くなりがちである。カナダも例外ではなく、1960年代に全国的な調査によってフランス語のみを話す人の社会経済的地位が低いことが明らかになると、連邦政府は改善に向けて動き出し、1969年に公用語法が成立してフランス語は英語と並ぶ公用語となった。ただし、カナダにおける二言語の共存は連邦結成以前に遡る話であり、英領北アメリカ法（現在の1867年憲法）ではその133条で連邦とケベック州の議会と裁判所における二言語の使用が保証され、切手や紙幣は公用語法制定以前から二言語で印刷されていた点には留意したい。

　公用語が2つあるということは、カナダ人なら誰でもその二言語を話すことができるということを意味しない。カナダの場合、人々は希望する言語で連邦政府のサービスを受けられることが公用語法によって保証されたにすぎない。「連邦政府の」という限定は重要である。カナダの言語事情をややこしくするのは、たとえ同じ場所であっても管轄する役所によってサービスに用いられる言語が異なることである。たとえば、日本から飛行機でヴァンクーヴァーに到着した場合を想定しよう。入国審査や税関は連邦政府の管轄なので、英語でもフランス語でもサービスが受けられる。空港も連邦政府の管轄なので、すべて二言語で表記されている。しかし、ひとたび空港の外に出ると、フランス語を目にするのは連邦政府機関の建物くらいかもしれない。ヴァンクーヴァーが位置するブリティッシュコロンビア州はフランス語話者が少なく、フランス語によるサービスは限定的である。

　一方、フランス語のみを公用語とするケベック州のモントリオールでは英語が広く通用するものの、景観規制によって街で英語をみかける機会は限られ、二言語表記が目立つのはやはり連邦政府機関の建物くらいかもしれない。なお、道路は州の管轄なので、道路標識はケベック州では原則としてフランス語のみであり、ケベック州以外の地域では英語のみの場合が多い。　　　　（大石太郎）

連邦政府機関の二言語表記　（アルバータ州バンフ国立公園，2011年9月，大石撮影）

第7章

ケベック、北米に花開く
フランス系文化と新しい共存の模索

真田桂子

はじめに

　カナダ東部に位置するケベック州は、カナダで唯一、フランス語のみを公用語と定め、北米大陸の英語圏の大海のただなかに約840万人のフランス系住民を擁するフランス語圏の地域である。本章では、最初にカナダに入植したにもかかわらずイギリス系に征服されたケベックのフランス系住民が「フランス語憲章」を制定し、「生き残り」から積極的なフランス系文化の開花をめざすナショナリズムへと変貌を遂げた独自の歴史をたどる。さらに近年の社会の多民族化と多元化を背景に、トランスカルチュラリズムや間文化主義(インターカルチュラリズム)にみられるように、カナダ英語圏の多文化主義(マルチカルチュラリズム)とは異なる新しい共存の模索を行うケベックの歩みと変容する社会を映し出す文学や芸術にも注目する。

1 私は忘れない

　北アメリカ北東部に位置するカナダ・ケベック州に入ると、思わず目にとまるものがある。それはフランス語による道路標識と走り回る車のナンバー・プレートに刻まれている Je me souviens の文字である。

　ケベック州はしばしば、「英語圏の大海に浮かぶ孤島」と形容され、2億5000万人以上にものぼる北米の英語圏のただ中で、現在、約840万人のフランス語系住民がまとまって住んでいるフランス語圏の地域である。Je me souviens、すなわちフランス語で「私は忘れない」という意味をもつこの標語には、英語圏の大海にのみこまれずにフランス系文化を保持し続けた奇跡ともいえるケベック州の歴史と、アイデンティティを貫こうとするナショナリズムの意識が凝縮されているといえるだろう。

2 ヌーヴェル・フランスからイギリス領へ

　カナダやケベックという地名がインディアンの言葉に由来しているように、先住民だけが住んでいたこの地に初めて白人がやって来たのは16世紀に遡る。15世紀から始まる大航海時代、ヨーロッパ列強は競い合って植民地を広げ北米にも進出した。1534年にはフランス人探検家ジャック・カルティエが、ガスペ湾からセントローレンス河（フランス語読みではサン・ローラン河）を遡り現在のモントリオールまでを探検し、このあたり一帯をフランス領ヌーヴェル・フランスと宣言した。このようにケベックはいわばカナダ発祥の地であった。ヨーロッパで繰り広げられていたイギリスとフランスの角逐がそのまま北米にも持ち込まれ両者の抗争へと発展していった。そしていわゆる七年戦争、別名フレンチ・インディアン戦争が勃発し、1759年にケベックシティが、1760年にはモントリオールが相次いで陥落し、ヌーヴェル・フランスはイギリス領となった。ケベックシティの高台に広がるアブラハム平原での戦いで両者の攻防は頂点を迎え、フランス軍

は圧倒的なイギリス軍に包囲され戦いはわずか15分で幕を閉じた。

　ケベックのフランス系住民は、このアブラハム平原での敗北を境に、イギリス系に支配された被植民者、第二級市民として苦難の道を歩むことになる。おそらくケベックのフランス系住民のナショナリズムの意識はこのときに芽生えた。1763年のパリ条約によって、フランスは一部を除き大部分の北米の領土をイギリスに譲り撤退する。こうしてヌーヴェル・フランスは終焉しイギリス領ケベック植民地となり、フランス系住民は本国フランスから見放されていわば大陸の孤児となった。最初にカナダの地に足を踏み入れたにもかかわらずイギリス系勢力に敗北を喫し、本国フランスからも見放され、以後抑圧された立場で生きることを余儀なくされたフランス系住民たち、彼らの屈辱感は想像するに難くない。この時の屈辱感と自らの誇りを奪還しようとする意志とが彼らの記憶のなかに連綿と受け継がれ、現在のケベックのフランス系社会であることの尊厳を強く主張する動きに結びついているのである。

　ケベックにとって多少とも幸いであったのは、「ケベック植民地」をスムーズに統治しようとするイギリス側の思惑により、フランス系住民はイギリスに完全に同化されることは免れ、抑圧されながらもそれまでに形成されたフランス系の伝統的な社会を保持しつつ生き残ることが可能となったことである。1774年の「ケベック法」により、アイデンティティの大きな拠り所となる言語と宗教、すなわちフランス語とカトリック信仰は保証され、フランス民法も温存された。こうしてケベックはその後、フランス本国からは断ち切れて、入植した当時の17世紀頃のフランス系文化を保持した形で、北アメリカ大陸のただなかで独自の歴史を刻んでいくこととなる（入植からのケベックの歴史は**第6章**も参照）。

　今日、ケベック州の人口の約半数が集まり、中心街には近代的な高層ビルが立ち並ぶモントリオールはかつて「千の鐘楼のある街」と呼ばれ、多数の教会があることで知られていた。このことはケベック社会に及ぼしたカトリック教会の趨勢の大きさを物語っているだろう。18世紀半ばにイギリス領となって以来、カトリック教会はケベックのフランス系住民がまと

まった文化集団として生き延びるうえで大きな求心力として働いた。しか
し教育や行政に大きな影響力を及ぼしていたカトリック教会の聖職者たち
は、ケベック社会に、アメリカ合衆国やイギリス系カナダの社会のように
工業化や都市化の波が押し寄せてくるのを好まなかった。こうしてケベッ
クは、その後も世界を覆う近代化の波から取り残され閉鎖的な農村社会に
とどまることを余儀なくされたのであった。20世紀半ばまで、ケベックの
フランス系住民は数のうえでは多数派でありながら少数派であるイギリス
系住民に統治され、共同体の内側ではカトリック教会に支配され、「生き残
り」をめざす閉鎖的なナショナリズムを生きることになる。

3 「二つの孤独」と静かな革命

　20世紀のカナダ人作家ヒュー・マクレナンは、ケベック社会におけるイ
ギリス系とフランス系の関係を「二つの孤独」と呼んだ。大ベストセラーと
なった小説『かりそめの幸福』において、第二次世界大戦前後、急速に近代
化していくモントリオールを描いた作家ガブリエル・ロワは、貧しいフラ
ンス系のヒロインが住む下町サン・タンリと裕福な英語系住民が住む高台
のウエスト・マウントを対照的に描いた。多数派でありながら抑圧された
立場にあったフランス系住民と、少数派でありながら支配者階級にあった
イギリス系住民はもっぱらそれぞれの共同体のなかで生活し、長らく分断
された疎遠な関係にあった。とりわけフランス系住民は十分な教育の機会
を与えられず、「ホワイトニグロ」という呼び名が表すように第二級市民と
して社会の下位層に甘んじていた。フランス系の人々は大多数が労働者階
級で貧しく、子沢山であった。
　そんなケベック社会に近代化への変革の波が押し寄せたのは、1960年代
に始まる「静かな革命」と呼ばれる一連の社会改革運動によってであった。
この時、カトリック教会の権限が大幅に狭められ、電力会社の州有化や教
育の脱宗教化など行政上の大改革が行われた。ケベック社会はこうして急

速に民主主義的産業社会へと生まれ変わった。それまでイギリス系の支配
のもとで、あくまでフランス系社会の残存を目的としていたケベック・ナ
ショナリズムは、フランス系社会の積極的な開花をめざす動きへと変貌し
ていくのであった。フランス系からも経済的なエリートが台頭し、徐々に
自信をつけ始める。モントリオールにおける1967年の万国博覧会や1976
年のオリンピックは、ケベックの目覚ましい躍進を世界に印象づけるもの
であった。1967年の万国博覧会の折にはフランスのド・ゴール大統領がモ
ントリオールを訪れ、演説の最後に、独立推進派のスローガンであった「自
由ケベック万歳！」を叫んで大きな波紋を呼んだ。

4　ケベック・ナショナリズムの興隆

　毎年6月24日、ケベックの守護聖人サン・ジャン・バティスト（聖ヨハ
ネ）の祭日には、モントリオールを貫く目抜き通りは、行進するおびただし
い人々と青地の白十字に白いユリの花の紋章のあるケベックの州旗で埋め
尽くされる。ケベック・ナショナリズムの発露ともいえるこの州民祭（ナショナルホリデー）は、
70年代、まさにケベック・ナショナリズムが沸騰していった時期に制定さ
れた。ケベックのフランス系の人々は、それまでのフランス系カナダ人と
いう呼び名を脱ぎ捨て、ケベコワ（ケベック人）として独自のアイデンティ
ティを強く主張するようになる。このようにケベックはあくまで州であり
ながら、主権をもつ「ナショナル」な地域であることを内外にアピールして
いった。1968年にカナダ連邦からの分離独立も辞さないという強いナショ
ナリズムを打ち出したケベック党が結成された。あくまでカナダ連邦内に
とどまり、州の権限強化をはかろうとする連邦主義をとるケベック自由党
に代わって、1976年、ルネ・レヴェック率いるケベック党が政権をとると、
独立も視野に入れたケベックの主権獲得運動は大きな山場を迎える。そし
て1980年5月、いわゆる「主権・連合」構想を問う州民投票（レファレンダム）が行われる。結
果は賛成41％、反対59％で構想は否決された。その後、幾多の政治的変遷

を経てケベック党が再び政権を奪還し、1995年に今度は「主権・パートナーシップ」を掲げた州民投票を行う。このときは極めて僅差となり、賛成49％、反対51％でやはり構想は否決された。このような結果となったのは、独立後の経済的な状況への配慮が働いたからだろう。しかし、こうした微妙なバランスの上に立ちながらも「主権」獲得をめざし、あるいはカナダ建国の二民族として、フランス系文化を掲げ「独自の社会」であることを主張するケベックのナショナリズム[1]は、今日に至るまで続いているといえよう。

5 「フランス語憲章」とフランス語化政策

　詩人ミシェル・ラロンドは、*Speak White* (1968) において、ケベコワの結束を呼びかけながら力強く謳った。

　　Speak White ！　白人の言葉をしゃべれ！／（…中略…）
　　ミルトン、シェリー、バイロンにキーツ、彼らのようにしゃべれ！
　Speak White ！　白人らしくしゃべれ！
　　でもお生憎様。私たちがお返しにできるのは、祖先が伝えるしゃがれた唄とネリガンの哀歌かな……[2]

　「ホワイトニグロ」と呼ばれたフランス系の立場から、イギリス系の英語による支配への皮肉と反発を込め、フランス語を擁護し、フランス系文化の誇りを回復せんとするこの詩は、フランス語の復権と70年代に向けて高揚するケベック・ナショナリズムを象徴する詩となった。
　ケベック・ナショナリズムにおいて、フランス語の擁護と復権はその中核をなしていた。ケベックでは長年、イギリス系が経済の中枢を握り、その下でフランス系はしばしば労働者階級として働いていた。モントリオールでは、大部分の商業用の看板や広告は英語で表示され、主要なデパートやレストランでの接客も英語で行われ、フランス系が多数派を占めていたにもかかわらず、もっぱら英語が「街の顔」となっていた。そのうえ、ケベッ

クに移住してくる移民の大半は英語を選択し、アングロフォン（英語系）の
コミュニティに加わった。折しも社会の近代化に伴ってケベコワの出生率
は著しく低下し、フランコフォン（フランス語系）の人口は減少して危機感
が高まっていった。一方、たとえ英語が広まってもかつてのリンガフラン
カとして優勢な地位を保っているヨーロッパでのフランス語の状況とは異
なり、北米のケベックにおけるフランス語は英語と比べて明らかな劣等言
語とみなされていた。ケベコワのフランス語は標準フランス語と語彙や発
音においてかなり異なり、とりわけ強い訛りがある労働者階級の話すフラ
ンス語はジュアル（joual）という蔑称で呼ばれていた。劣位におかれたフラ
ンス語に対して、ケベコワはコンプレックスを抱かざるを得なかった。

　そしてついにケベック社会に大きな分岐点が訪れる。ルネ・レヴェック
率いるケベック党は1977年「フランス語憲章」（通称101号法）を制定し
フランス語化政策を強力に推し進めることになる。この憲章によって、英
語とフランス語の二言語を公用語とするカナダ連邦にあって、ケベック州
では公用語はフランス語のみとされ、確固としたフランス語の地位の向上
と質の確保がめざされた。実際、「フランス語憲章」は世界でも稀有の拘束
力を持つ言語法であり、ケベック社会のさまざまな局面におけるフランス
語の優位性を明確化した。立法、司法、行政、教育などの公的機関にとどま
らず、一定の規模をもつ民間企業においてもフランス語のみを使用言語と
して規定した。商業用看板や広告などの表示言語にも規定は及び、制定時
当初、使用できるのはフランス語のみとされた。そうした規定に従わない
場合、憲章の施行を監督する「フランス語監視委員会」が取り締まりを行
い、同憲章の適用を徹底させていった。フランス語憲章はあまりの法的拘
束力の強さから大きな波紋を呼び、とくに英語系からは大きな反発を招
き、憲法違反ではないかとしばしば訴訟にまで発展した。こうしてモント
リオールの街の隅々に、看板、広告、道路標識に至るまでフランス語が主要
な言語として流通し、フランス語の復権が実現した。文字通り、フランス系
によって「モントリオールの再征服」が達成されたのである。一方、フラン
ス語化を強く打ち出したケベック州の政策を嫌い、多数の英語系企業がモ

ントリオールから撤退した。こうした動向は経済的にはケベック州に少なからぬ痛手を与えたが、フランス語を核としたケベック・ナショナリズムの勢いは衰えることはなかった。さまざまな波紋を呼び、幾多の改訂を経ながらも「フランス語憲章」は定着し、ケベック社会のフランス語化は着実に浸透していった。

2007年、ケベックの主要なフランス語系新聞である *Le Devoir* は、フランス語憲章施行後30周年にあたって、憲章がケベック社会にもたらした影響について多角的に分析し、その総決算を特集した。「フランス語憲章」による変革でケベック社会に最も大きな影響を及ぼしたもののひとつは、原則として、ケベックに移住する移民の子弟にフランス語による教育を義務づけたことであった。母語が英語でもフランス語でもない人々はアロフォンと呼ばれ、近年多民族化が進展するモントリオールで、年々その比率が上昇している。憲章の施行前は、ほとんどの移民の子どもたちは、北米で就学や就職に有利である英語を選択した。しかし憲章施行後は、親がアングロフォンで英語系の学校で教育を受けた家庭の子どもを除き、アロフォンである大部分の移民の子弟は、フランス語の公立学校で教育を受けることになった。移民の子どもたちは、ケベック社会の共通語として、生活するうえのコミュニケーションの言語としてフランス語を受け入れ順応していった。このようにフランス語憲章は、生粋のケベコワのみならず移民も含めた幅広い支持を得て定着し、ある意味でフランス語の雑種化も生み出した。さらに注目すべきことに、移民の家庭では出自の言語も保持することが多かったため、ケベックではフランス語化と同時に多言語化も進展していった。憲章施行後、フランス語で教育を受けた子どもたちは「101号法の子どもたち」と呼ばれ、フランス語を核としたケベック社会の多元化を象徴する姿となった。

6　多民族化と新しい共存の模索

(1) モントリオールとコスモポリタニズム

　モントリオールの街を南北に縦断するサン・ローラン通りには、20世紀
の初頭からモントリオールにたどり着いたさまざまな出自の移民が住み着
いた。セントローレンス河の川岸からサン・ローラン通りを北に向かって
歩いていくと、中華街に始まり、ユダヤ人街、ポルトガル系のコミュニ
ティ、そしてハンガリーなどの東欧系のコミュニティなど、一本の通りに、
次々と多様な移民のコミュニティが現れる。そしてエスプレッソの香りが
漂う一画にあるしゃれたアーチをくぐると、季節の花が植えこまれた花壇
に「Petite Italie（リトル・イタリー）」の花文字が目に入る。ケベックに移
住した移民のなかでも、イタリア系移民はフランス系住民と深くつながり
最も重要なコミュニティを形成した。そのイタリア人街に隣接して、サン・
ローラン通りの北東には、小さな村ほどの規模のあるジャン・タロン市場
が広がっている。市場には、ケベック社会の多民族化を反映するかのよう
に、世界各地の野菜や果物など、色とりどりの食材が所せましと並べられ
ている。

　ケベック社会において多民族化が意識されるようになったのは1980年
代になってからであった。1980年、ケベックの主権獲得を問う州民投票が
否決され、いわゆる生粋のフランス系であるケベコワを中心としたケベッ
ク・ナショナリズムは問い直しを余儀なくされた。折しも多文化主義法が
改訂され、カナダに多様な出自の移民が流入するようになる。ケベック社
会にもアフリカ系やハイチ系、アジア系などの有色系の移民が多数流入し
多元化が加速した。街を走るタクシーの運転手の多くがケベック訛りのフ
ランス語を話すハイチ系移民であるように、とりわけケベックの人口の約
半数が集中するモントリオールでは著しく多民族化が進展し、世界でも有
数のコスモポリタンな都市へと生まれ変わった。[3]

　70年代に高揚したフランス系としての民族を基盤としたケベック・ナ

ショナリズムは変容し、ケベックはフランス語を結束のシンボルとして掲げ、さまざまな出自の人々を受け入れる市民的（シビック）なネーションを模索し始めている。さらにケベックはカナダ政府が標榜する多文化主義（マルチカルチュラリズム）には一定の距離をおき、トランスカルチュラリズムや間文化主義（インターカルチュラリズム）にみられるように、独自の多文化共存のあり方を模索するようになった。

(2) トランスカルチュラリズムと「移動文学」

1980年代のモントリオールで注目すべきことは、活力を失わないマイノリティとマジョリティであるフランス系との独自の共存のあり方であった。もともとフランス語と英語の二極をもつモントリオールでは同化への決定的な求心力を欠き、フランス系でもイギリス系でもないアロフォンと呼ばれるマイノリティの人々が出自の言語を維持する確率は他の地域と比べると格段に高い。このように自らの出自の言語や文化を維持し続けることで各々のアロフォンは活力を持ち続け、受け入れ社会に急速に同化されることはなく、多様な移民が住むサン・ローラン通りが象徴するような緩やかな結びつきと交流が実現した。すなわちモントリオールでは、フランス語系と英語系という2つの言語的な極に加え、言語を保持し文化的にも活力を失わないマイノリティの空間が維持されてきた状況から、しばしばマイノリティの側を中心に言語的三極構造とみなされる位相が生じている。このような状況を背景に、アロフォンのなかでも最も活発なコミュニティをなしていたイタリア系移民の第二世代の知識人、F・カッチャやL・タシラーニらを中心に創刊された雑誌『ヴィス・ヴェルサ』(*Vice Versa*)は、まさにモントリオールにおいて浸透しつつあったトランスカルチュラル（横断文化的）な状況を文化的、政治的に活性化し、流通させ、定着させることを目的としていた。この雑誌は思想的であると同時に美的な意匠にもこだわって、フランス語、英語、イタリア語の三言語を使用した。この雑誌には当時のケベックの多くの知識人や文化人が賛同し、多元化し複数化しつつあるケベック社会を反映した開かれた対話の場であることをめざしてい

た。カナダの国是である多文化主義（マルチカルチュラリズム）がマジョリティの側から提案された多文化の承認と共存の枠組みであったのに対して、トランスカルチュラリズムは何よりもマイノリティの側から発せられ、モントリオールの言語的三極構造を背景に横断文化と文化変容のダイナミズムを問いかける思想的、政治的な動向であった。

　雑誌『ヴィス・ヴェルサ』の誌上では、ケベック社会の多元化を反映したさまざまなテーマが取り上げられ、批評家や作家たちによって活発な意見表明や論争が繰り広げられた。この雑誌はまた80年代以降に台頭したネオ・ケベコワと呼ばれる移民作家たちが表現活動を行う主要な舞台となった。80年代以降フランス語表現によって活発に創作活動を行う移民作家たちの文学は、「移民文学」ならぬ「移動文学」と呼ばれてひとつの潮流をなし、ポストモダニズムが爛熟するケベック社会の文化的雑種性の象徴として注目を浴びた。「移動文学」はさまざまな出自の作家たちからなり、ユダヤ系のレジーヌ・ロバンやハイチ系のエミール・オリビエ、中国系のイン・チェン、日系のアキ・シマザキなどが活躍した。この動向はケベックのみならずフランスを含むフランス語圏全般にも影響を及ぼした。21世紀に入ってこの動向の流れを汲む作家としては、ベトナムからケベックに難民として移住したキム・チュイが難民としての体験を描いた小説『小川』（*Ru*, 2009）を発表するが、この作品は20数か国で翻訳され世界的に反響を呼んだ。またケベックを拠点に世界的に活躍するハイチ系の作家ダニー・ラフェリエールも華々しい成功を収め、カリブ海出身者として初めてアカデミー・フランセーズに迎え入れられた。

(3) ケベックにおける間文化主義（インターカルチュラリズム）の可能性

　一方、近年注目されているケベックにおける多文化の統合理念としての間文化主義（インターカルチュラリズム）は、21世紀に入って急速に台頭してきた。この理念が生まれた背景としては次のような要因が挙げられるであろう。すなわちすでにトランスカルチュラリズムの興隆において分析したように、ケベック社会に

は英語とフランス語の二言語の極にアロフォンが加わった言語的三極構造
があり、イギリス系カナダとは異なる多元的な状況が生じていた。またケ
ベックのマジョリティであるフランス系（ケベコワ）は、北米大陸にあって
はマイノリティでつねに生き残りの危機感にさらされていたが、一方でカ
ナダ連邦政府の標榜する多文化主義はケベック独自の地位を脅かすものと
して強く反発し、そこからの差異化を強く求めていた。21世紀に入ると、
世界的な趨勢とともに、ケベックにおいてもイスラム系やユダヤ系などの
宗教的マイノリティが自らの宗教的文化的慣習を強く主張するようになっ
たため、文化摩擦が頻発した。これに対してケベック州政府の要請により、
いわゆる「妥当なる調整」をめざしてケベックを代表する二人の知識人であ
るチャールズ・テイラーとジェラール・ブシャールを委員長とする「ブ
シャール・テイラー委員会」が開かれ、ケベック社会の軋轢に関しての大が
かりな調査検証が行われた。そして報告書においてケベック独自の統合理
論としての間文化主義が推進された。間文化主義は、原則としてマジョ
リティの存在やネーションの概念を認めない多文化主義とは異なり、フラ
ンス語をケベック州の統合の象徴としてエスニックではないシビックな
ネーションの建立をめざし、マジョリティのフランス系を核として、さま
ざまなマイノリティとの相互交流と共存をめざした。また包括的なライシ
テ（脱宗教化）によりケベック独自の政教分離と統合政策を追求している。
このようにケベックの間文化主義はその実践においてさまざまな問題に
直面しながらも、イギリス系カナダの多文化主義やフランスの共和主義と
ライシテからも距離をおき、独自の共存のあり方を模索して大きな注目を
浴びている。

　長い冬をくぐり抜け、短い夏が訪れると、モントリオール・国際ジャズ
フェスティバルやモントリオール映画祭など国際的なイベントが次々に開
かれる。街の通りは開放され世界的に有名なアーティストのコンサートも
数多く開かれる。世界有数のエンターテインメントに成長したシルク・ド・
ソレイユや著名な演出家であるロベール・ルパージュの演劇など、ケベッ
クからは独特の芸術やパフォーミング・アーツが生み出され高い評価を得

ている（**第4章**参照）。また世界の最先端を行くマルチ・メディア産業も大きな注目を浴びている。

　ケベックは長い抑圧の時代をくぐり抜け、ナショナリズムにおいてしたたかに自らのアイデンティティを主張し続けてきた。さらに今日、多文化の共存を模索しつつ新しい社会に脱皮して、世界に向かって開かれた先駆的な地域として花開いている。その試みは、これからますます多様な人々を受け入れていくことを余儀なくされる日本にも、大きな示唆を与えてくれると思われる。[4]

注

1）ケベック州は、カナダ憲法である「権利と自由の憲章」において、ケベックが「独自の社会」であることが十分に保障されていないとして未だ批准を拒否している。

2）ミシェル・ラロンド（Michèle Lalonde）のこの詩は、1968年10月、フランス語を擁護しケベック・ナショナリズムを訴える集会において朗読された。ネリガン（Émile Nelligan,1879-1941）とはケベック文学の黎明期に彗星のように現れた詩人。

3）ケベックにおいて、都市部であるモントリオールでは多民族化が進展しているが、その他の地域では生粋のフランス系が80％近くを占め伝統的なフランス系社会が維持されており、両地域には一定の落差があるといえるだろう。

4）この論考の内容は、一部、「ケベック、北米に薫るフランス文化――交錯する言語ナショナリズムとコスモポリタニズム」（真田桂子（2015）『季刊民族学』No.152、国立民族学博物館監修）の内容と重複していることをお断りしておく。

コラム6 ケベックのフランス語とボンジュール・ハイ！(Bonjour-Hi)

　ケベック州はフランス語を中心とする社会であることから、フランス語になじみのない人のなかには、訪れることをためらう人がいるかもしれない。実際にはケベック州内の観光施設で英語が通じないことはまずありえないし、とくにモントリオールでは英語を母語とする人も少なくなく、メディアや高等教育機関といった、英語を用いる組織も充実している。逆に、日本でフランス語を勉強していても、ケベックのフランス語には面食らうかもしれない。日本で学ぶフランス語はふつう、フランスで、それもパリで話されているフランス語であり、ケベックのフランス語とはアクセントがかなり異なるからである。語彙も、古い表現が残っていたり、英語の影響がみられたりするので（アングリシスムという）、戸惑うこともあろう。しかし、地域によってアクセントや語彙が異なることはむしろふつうであり、最近でこそフランス語の多様性に目が向けられるようになりつつあるが（ドゥテほか 2019）、日本では依然としてフランス以外で話されるフランス語への関心は低いように思われる。

　さて、モントリオールではフランス語と英語が日常的に使われており、とくにダウンタウン（都心部）では英語を耳にする機会も多い。サービス業に従事する人にはなかなか頭の痛い話である。なぜなら、顧客がいずれの言語によるサービスを希望するのか、顔を見ただけではわからないのがふつうだからである。そこで、たとえばレストランの案内係は客にしばしばボンジュール・ハイ！と声をかけてくる。どちらの言語で応じるかによって、客の希望言語を知ろうというわけである。現実を見据えた合理的な対処法であり、ケベック州内のサービス業では広く用いられているが、批判的な見方もあって論争が絶えない。日本人にはわかりにくいが、批判的な見方をする人々には、少数言語を守り抜くにはその程度の隙も許してはならないという危機感がある。

　日本では、あいさつくらいはその地域の言語で、という考え方もあり、それ自体は間違ってはいないだろう。ただ、モントリオールのレストランでフランス語にこだわってフランス語のメニューを渡され、しまいには、たとえば牛の脳みそのように食べ慣れないものを注文してしまい途方に暮れる、なんてことにならないように！　　　　　　　　　　　　　　　（大石太郎）

引用文献

ドゥテ, S.・デュラン, J.・ラクス, B.・リュック, C. 編，川口裕司・矢頭典枝・秋廣尚恵・杉山香織編訳（2019）『フランコフォンの世界——コーパスが明かすフランス語の多様性』三省堂

第8章

カナダの憲法と司法制度

木村　仁

はじめに

　本章は、カナダ法のうち連邦、州の権限や人権憲章を規定している憲法と、カナダの司法制度を概説することを目的とする。とくにカナダの憲法の制定過程および人権保障に関するカナダ法の特徴を浮き彫りにし、また、カナダの裁判所の仕組みと裁判官の任命手続を簡潔に説明する。

　第1節では、連邦議会と州議会の権限の分配、1867年英領北アメリカ法（1867年憲法）制定から1982年憲法制定に至る過程、1982年憲法の特徴について述べる。また、人権憲章の適用除外規定というカナダ憲法特有の規定の意味を探る。

　第2節では、カナダの司法制度のうち、弁護士資格を取得するまでの流れ、裁判所システム、そして裁判官の任命手続を概観する。

1 カナダの憲法

(1) 1867年英領北アメリカ法(1867年憲法)

制定過程

　19世紀半ばのカナダの政治においては、イギリス系住民とフランス系住民の双方の多数者の支持がない限り政策決定をすることができず、しばしば行き詰まりをみせていたので、より実効的な連邦政府を樹立することをめざして、1864年から各地域の代表が会合を開き、1866年にカナダ連邦の創設案がイギリス議会に提案された。そこで1867年英領北アメリカ法(The British North American Act, 1867、1982年憲法制定時に「1867年憲法」と改称されたので、以下では「1867年憲法」という)が成立し、カナダ(オンタリオとケベック)、ノヴァスコシアおよびニューブランズウィックの諸植民地が統合され、一つの自治領(Dominion)としての連邦国家を形成することとなった。この連邦国家形成の過程は、コンフェデレーション(Confederation)と呼ばれる。

　その後、マニトバ(1870年)、ノースウエスト準州(1870年)、ブリティッシュコロンビア(1871年)、プリンスエドワードアイランド(1873年)、ユーコン(1898年)、サスカチュワン(1905年)、アルバータ(1905年)、そしてニューファンドランド(1949年)が、それぞれ新しい州または準州として、カナダに加わることになる。

　他方で、カナダは、「連合王国の国王のもとにおいて」形成されたものであり、完全な独立国家とは異なった統治構造を有していた。すなわち、行政権を統括する内閣は、下院によって選出された首相が組織するが、イギリス女王(Queen)、すなわち連合王国の国王が国家元首であり、すべての行政権を有するとされた(1867年憲法9条)。ただし、総督(Governor General)がイギリス女王によって任命され、女王の行政権は、事実上総督によって行使される。また、カナダの外交関係についても、イギリスが決定権を有し

ており、国内の事柄についても、イギリス連合王国の議会は、カナダに適用
される法律を制定し、カナダの法律を無効にできる権限を有していた。さ
らに、後述するように、1867年憲法の下では、カナダは自立的に憲法を改
正する手段を持たなかった。

連邦議会と州議会の権限の配分

　カナダでは、連邦レベルの政治システムと州レベルの政治システムが複
雑に交錯する。すなわち、各州に総督（連邦政府）により副総督（Lieutenant
Governor）が任命されているが、実際には州議会によって選出される州首
相が組織する州の内閣が、州の行政権を統括している。

　連邦議会には、1867年憲法91条において、もっぱら全国的な分野につい
ては、連邦議会に立法権があるとされ、排他的な立法権の対象となる事項
が列挙されている。すなわち、同条では、取引および通商、課税、国債、郵
便、国防、カナダ政府の公務員に関する事柄、海運、貨幣の鋳造、銀行業務、
度量衡の設定、為替および約束手形、破産、特許、著作権、先住民および先
住民のために留保された土地、婚姻および離婚、刑法、刑務所の管理などが
規定されている。

　これに対して州の排他的な立法権に属する事項として、同法92条では、
州税の課税、州の信用にもとづく金銭の借入、州の公務員に関する事項、州
の土地およびこれに属する森林の管理、州の刑務所の管理、州の病院の管
理、市町村組織、州税の賦課徴収のため店舗、美容室、居酒屋、競売所その
他免許を必要とする事業、地方の事業、州内での事業を目的とする会社の
設立、州における結婚の儀式、州内での財産および民事上の権利、州内での
司法行政、地域的または私的な性質を有する事柄などである。また、同法
92A条は、再生不可能な天然資源、森林資源、電気エネルギーの調査・維
持・管理などに関して、同法93条は、教育に関して、州に排他的な立法権
があると定めている。

　州議会に排他的な立法権がない事柄について、「平和、秩序および良き統
治（Peace, Order, and Good Government）」のために連邦議会に立法権が認

められると規定されており、(1867年憲法91条)、いわゆる連邦議会が残余
的な立法権を有するとされている。たとえば、Russell v. The Queen,
(1882) 7 A.C. 829事件は、連邦議会に禁酒法を制定する権限があるか否か
が争われた事件であるが、イギリスの枢密院司法委員会は、禁酒法を制定
する権限は、州の立法権限の項目のいずれにも該当しないとして、連邦議
会に属するとした。また、連邦政府には、州制定法の効力を否定する権限も
付与されている(同法90条)。したがって、1867年憲法の制定者は、連邦と
州の二重の主権を認めつつ、国家的統合を重視して、連邦政府に対して強
力な権限を与えることを意図していたといえる。

　しかしながら、1867年憲法92条で列挙されている州の立法権は、同法91
条により連邦議会に付与されている立法権よりも広く解される傾向にあ
る。たとえば、連邦議会は、1867年憲法91条において取引および通商
(Trade and Commerce)について立法権があると規定されているが、取引
や通商は、財産に対する民事上の権利を生じさせる契約によって行われる
のであるから、同法92条において州の立法権とされる「財産および民事上
の権利」に関係することになる。判例では、一般的に、州内の取引および通
商については、「州における財産および民事上の権利」に該当するので州の
立法権の範囲内であるとされ、連邦の取引および通商に関する立法権は、
州際または国際の取引・通商および全国に影響を及ぼす一般的な取引・通
商に限定されると解されている(Citizens' Insurance Co. v. Parsons (1881)
7 App. Cas. 96など)。州の権限を拡大する解釈がされているのである。

　また、憲法の規定により、天然資源の州際取引(1867年憲法92A条 (2)
項)、高齢者年金(同法94A条)、農業および移民(同法95条)について、連
邦議会と州議会の権限が重複することが認められているが、憲法上それぞ
れの排他的権限に属するとされる事柄についても、さまざまな判例法理に
より、事実上、両者の競合的な立法権が認められることがある。たとえば、
連邦議会と州議会が、同じ事柄を規制していたとしても、それぞれが異
なった側面を規制している場合には、「二重の側面(double aspect)」理論に
より、両者の競合的な立法権が肯定される。ハイウェイ上の過失による運

転を処罰する州の交通規制と、同様の行為を犯罪とする連邦法を、異なっ
た側面を規制するものとして、両者ともに有効であるとした判例がある
（O' Grady v. Sparling［1960］S.C.R. 804）。

　ただし、連邦法と州法が互いに矛盾する場合には、抵触する範囲で連邦
法が優先し、州法の効力が否定される。たとえば、Alberta v. Moloney,
［2015］3 S.C.R. 327 事件では、連邦倒産法（Bankruptcy and Insolvency
Act）が、倒産した債務者については、そのすべての債務が免責されると規
定しているのに対して、アルバータ州交通安全法（Traffic Safety Act）は、
無保険の運転手である加害者について、被害者の損害を賠償するまで運転
免許を停止すると定めていた。無保険で交通事故を起こした原告が、判決
により確定した損害額を賠償しないまま破産し、連邦倒産法により債務を
免責されたので、被害者の損害を賠償するまで免許を停止すると定めたア
ルバータ州交通安全法の規定の効力を争ったのが本件である。カナダ最高
裁は、同州法は、債務を免責して再出発を認めるという連邦倒産法の目的
を阻害するものであり、また双方に従うことは不可能であるとして、同州
法の当該規定を無効と判示した。このように連邦法と州法が矛盾する場合
には、連邦法が州法に優越するとされるが、原則として連邦法と州法が同
一分野において重複して規制する場合が広く認められている。

　以上でみてきたように、1867 年憲法の制定者の意図にもかかわらず、実
際には地方分権の色彩が強い連邦制度が形成されているといえよう。

1867 年憲法の問題点

　さて、1867 年憲法は、次のような問題を抱えていた。

　第 1 に、1867 年憲法は計 22 回改正されたが、そのすべてにおいて、イギリ
ス議会にその改正を要請することが慣行となっていた。すなわち、カナダ国
内の手続きにより憲法を改正することが認められていなかったのである。

　第 2 に、1867 年憲法には、人権保障規定が欠如しており、裁判所は、議会
制定法が人権を侵害するか否かについて審査をすることがなかった。人権
保障の問題は、イギリスと同じく、議会主権の原理の下、もっぱら議会の判

断に委ねられていたのである。他方で、1948年に世界人権宣言が採択さ
れ、また、第二次世界大戦時における日系人の強制移住に代表される人権
の抑圧を反省すべきとの機運が高まっていった。このような動きのなか
で、1960年にカナダ権利章典（Canadian Bill of Rights）が制定され、言論や
宗教の自由の保障などが規定されることとなった。しかし、この権利章典
は、州に対して適用がなく、また、同章典は、憲法ではなく、1つの法律にす
ぎなかったので、これと矛盾する法律に対していかなる効果を及ぼすのか
不明であった。

(2) 1982年憲法

制定過程

　1968年に首相に就任したピエール・トルドー（Pierre Trudeau）は、憲
法改革を熱心に推進した。その主たる内容は、①憲法のカナダ移管
（Patriation of the Canadian Constitution）、②国内における憲法改正手続
の確立、③権利と自由の憲章（Charter of Rights and Freedoms）の規定化
を実現することであった。
　しかしながら、連邦政府による憲法改正案に対しては、権利と自由の憲
章による基本的人権規定の導入により、各州議会の立法権が侵害されるな
どとして、10州のうち8州が反対したため、連邦議会は、公聴会において多
くの一般市民からの意見を聴収したうえで、連邦議会の決議のみによって
憲法改正をイギリス議会に求めることを決意した。
　これに対して、ケベック州を含む3州は、州の同意を得ずに連邦政府が憲
法を改正することの合憲性を、司法の場で争うこととなった。すなわち、州
の立法権限を変更する憲法の改正には、州の同意が憲法上必要であるか否
か等の点について、カナダ最高裁に照会したのである。最高裁は1981年
に、憲法の慣習上、全州が同意することまでは求められないが、相当程度の
数の州の同意は必要であり、2州のみが改正案に同意している状況は、その

基準を満たさないとする勧告的意見を出した(Re Resolution to amend the Constitution, [1981] 1 S.C.R. 753)。

　カナダ最高裁によるこの勧告的意見を受けて、連邦政府と10州の政府は、憲法改正案について会議を開催し、連邦政府は、憲法改正についてどの州にも拒否権を認めないが、7州の同意および10州における全人口の半数の同意が必要であるとし、また人権憲章が定める権利のうち一定のものについては州が適用を除外できるとして、州側に歩み寄る姿勢をみせたので、1981年にケベック州を除く9州と、憲法改正案について合意するに至った。ケベック州は、最後まで反対したが、同年連邦政府とイギリス議会によって憲法草案が採択され、1982年4月にイギリス女王がこれに署名し、新たな憲法が発効することとなった。なお、1867年英領北アメリカ法は、これにより廃止されたわけではなく、1867年憲法(Constitution Act, 1867)と改称され、現在でもその効力は維持されている。

1982年憲法 (Constitution Act, 1982) の特徴

①憲法のカナダ移管 (patriation) と憲法改正条項

　Patriationとは、憲法改正権限がイギリスからカナダに委譲されることをいう。1982年憲法が制定されるまでは、カナダにおける憲法の改正は、形式的にはイギリス議会による承認が必要であったが、憲法改正権限がカナダに移管されることにより、植民地主義の最後の痕跡が除去されたのである。

　憲法の一般的条項については、連邦議会および人口の過半数を占める3分の2以上の州議会の賛成決議によって、改正できることとなった(1982年憲法38条1項)。10州のうち、人口比率で過半数を占める7州の賛成によって憲法を改正しうるということは、ケベック州単独では憲法改正を阻止することができないことを意味する。他方で、女王と正副総督の地位、州の下院最低議席、連邦議会における英語とフランス語の使用、カナダ最高裁の構成および憲法改正条項の5項目については、連邦議会と全州議会の賛成決議が必要とされることになった(同法41条)。これら5項目は、重要な事

項であり、1州でも反対すれば改正することができないとされた。憲法の条項の重要性に応じて複合的な改正手続を定めることで、憲法改正の実現と州の利益を調整したのである。

②権利と自由の憲章（Canadian Charter of Rights and Freedoms）

　権利と自由の憲章（人権憲章）は、市民的自由のうち極めて重要であると考えられるものが列挙され、1982年憲法の第1編を構成する。この憲章は、カナダ全土において、統一的な市民的自由の保護を図ることを目的としており、ここに規定される権利は、6種類に大別することができる。

　第1に、①基本的自由として、良心および信教の自由、思想の自由、表現の自由、集会および結社の自由などが列挙されている（人権憲章2条）。第2に、②民主的権利として、選挙権（3条）、定期的な選挙の保障（4条）、議会の定期的な開催の保障（5条）である。第3に、移動の自由として、国外または州外への移動の自由およびその制限が定められている（6条）。第4に、生命、自由および身体の安全の保障（7条）、不合理な捜索・差押を受けない権利など刑事手続上の諸権利（8〜14条）が規定されている。第5は、平等権（15条）である。ここでは、人種、国籍、民族、肌の色、宗教、年齢、または精神的もしくは身体的障がいを理由に差別することの禁止が規定されているが、他方で1982年憲法15条2項では、不利な立場にある個人または団体に対する積極的差別是正措置（アファーマティブ・アクション）は許容されると規定されている。第6は、言語に関する権利であり、これは、英語とフランス語が連邦およびニューブランズウィック州の公用語であることなど公用語に関する規定（16〜22条）と、少数派の言語教育権に関する規定（23条）に分類される。

　日本国憲法と異なる点としては、生存権など政府に対して積極的な措置を求める権利に関する規定が存在せず、他方で、先住民や言語に関する権利が規定されていることなどが挙げられる。

③先住民の権利

　1982年憲法では、第1編で主に個人の権利を保障する権利と自由の憲章が規定され、第2編では、集団的権利としてのカナダ先住民の権利に関する

規定が置かれている。構造上、人権憲章とは別に規定されているのは、先住民の権利は集団的な権利として保障し、主に個人の権利を保障する人権憲章と別個に扱うことにより、先住民の権利を特別に保障しても平等原則等の人権憲章上の諸規定に反しないことを意味している。どのような場合に、どのような権利が先住民の権利として認められ、または制限されるのかという困難な問題が生ずる（**コラム7「先住民の権利について」**参照）。

(3) 違憲審査権の確立と人権憲章の適用除外

　1867年憲法が制定されてから、カナダ最高裁は、カナダの立法機関が制定した法律の効力を審査する権利があるとしてきた。すなわち、1867年憲法は、イギリス議会が海外領土のために制定した帝国議会制定法（imperial statute）であることを理由に、これと矛盾する法律は効力を持たないとして、法律を審査する権限が最高裁にあると解されてきた。しかしながら、1982年憲法が制定される以前において、ある法律の効力が問題とされた事例のほとんどは、連邦議会と州議会の権限の分配にかかわるものであった。1982年憲法52条1項は、「カナダ憲法はカナダの最高法規であり、本憲法の規定に反する法律はいかなるものであれ、違反する範囲内において、その効力を有しない」と規定する。連邦の権限だけでなく、人権憲章の規定をめぐる問題についても、裁判所が違憲審査をする根拠が明示されることになり、アメリカ合衆国や日本型の人権保障制度へと舵を切ることとなったのである。1982年憲法によってはじめて、人権憲章にもとづいて違憲審査が可能になったといえる。

　しかし、カナダの人権保障制度には、アメリカ合衆国や日本と大きく異なる特徴がある。それは、人権憲章の適用除外規定が存在することである。1982年憲法（人権憲章）33条1項は、「連邦議会または州議会は、この憲章の2条および7条から15条の規定にもかかわらず、法律またはその規定が効力を有すると明示的に宣言することができる」と規定している（notwithstanding clauseと呼ばれる）。すなわち、連邦議会および州議会

は、一定の人権憲章に違反する法律の効力を維持することができるのである。これは、人権憲章がカナダ憲法の伝統である議会主権を損なうとの理由で人権憲章に反対していた州を説得するために導入された政治的妥協の産物でもある。

　ただし、この条項にもとづいて適用が除外されるのは、①人権憲章2条において定められた自由（良心および信教の自由、思想の自由、表現の自由、集会および結社の自由などの基本的自由）および同憲章7条から15条に定められた自由または権利（生命、自由および身体の安全の保障、刑事手続上の諸権利、平等権）に限定されている。逆にいえば、選挙権などの民主的権利（同憲章3条～5条）、移動の自由（6条）、公用語など言語に関する権利（16条～23条）、男女の平等権（28条）などの自由または権利については、その適用を除外することができない。また、②どの法律が、人権憲章のどの規定の適用を除外するのかを明示しなければならず（33条1項）、そして、③適用除外の宣言の有効期間は最長で5年との期間制限がある（33条3項）。ただし、さらに5年間宣言を延長することができる（33条4項）。

　実際に人権憲章33条にもとづく対応がとられた例がある。Ford v. Quebec [1988] 2 S.C.R. 712事件では、ケベック州において屋外の商業広告はフランス語以外を使用することを禁止する法律が制定されたことに対して、カナダ最高裁は、当該法律は表現の自由を保障した人権憲章2条に違反すると判示する一方で、人権憲章33条により、2条を適用除外することが可能であるとの判断を示した。それを受けて、ケベック州議会は、5年間は人権憲章の適用を除外するとしたうえで、屋外の商業広告においてフランス語以外の使用を禁止する法律を新たに制定したのである。しかし、5年の適用除外期間が終了した後、同州議会は、屋外の商業広告に関して、主としてフランス語を使用しておれば、他の言語の使用も許容するとの法律に改正した。

　このような適用除外規定が設けられたことに対しては、少数者の憲法上の人権保障を弱めるものであるとの強い批判がある。しかし、実際にこの規定が利用されることは少なく、また、本規定により司法の優位か議会の

優位かという両極端が回避され、憲章にもとづいて人権保障を求める裁判所と民主主義にもとづく議会の対話が促進されることになるとして、この制度を積極的に評価する見解もある。いずれにしてもカナダは、議会と裁判所の関係については、アメリカ型の違憲審査権とイギリス型の議会主権の中間的な制度を採用しているといえるであろう。

2 カナダの司法制度

(1) 法曹養成制度

ケベック州以外のカナダにおいて弁護士になるためには、まず、大学卒業後、カナダ法律家協会 (Canadian Law Society) により認証を受けた法科大学院 (law school) で学位を取得する必要がある。その後は、各州の法律家協会が定める条件を満たさなければならない。その内容は州により異なるが、一般的には、各州の弁護士事務所、裁判所などにおいて10か月から1年ほどの実務修習 (articlingと呼ばれることが多い) を受けることが求められる。たとえばオンタリオ州においては、弁護士事務所などでの10か月間の実務修習 (articling) か、あるいはオンタリオ州法律家協会 (The Law Society of Ontario) が提供する8か月間の実務修習プログラム (law practice program) のいずれかを修了し、筆記の司法試験 (bar admission exam) に合格すれば、弁護士としての資格が付与される。

他方、ケベック州では、英米法 (common law) だけでなく、大陸法 (civil law) の影響も色濃く反映されており、法学部における学位を取得した後に、ケベック州法律学校 (Quebec Bar School) において4か月の専門職研修を受け、そして6か月の実務修習 (articling) を修了しなければならない。

弁護士資格は原則として、当該州における資格であるが、他州が定めた資格調査などの条件を満たせば、その州の弁護士として登録され、活動することが認められる。

(2) 裁判所システム

連邦裁判所と州裁判所

　連邦制を採用しているカナダでは、司法も連邦と州の二重のシステムになっており、州裁判所と連邦裁判所の2種類の裁判所が存在する（**図8-1**）。

　連邦の裁判所のうち、連邦第一審裁判所（Federal Court）は、連邦政府が関係する事件、州と州との間の争訟、連邦と州との間の争訟、連邦が規制している分野における民事訴訟（特許や著作権など）、移民や難民に関する事件、独占禁止法に関する事件などを管轄する。

　連邦控訴裁判所（Federal Court of Appeal）は、連邦第一審裁判所、租税裁判所（Tax Court of Canada）の判決、および一定の連邦行政審判所（Federal Administrative Tribunal）の決定に対する上訴事件を取り扱う。連邦裁判所には、以上のほか、軍の規律に関係する事件を扱う軍事裁判所（Military Court）が存在する。

　州および準州の裁判所は、州控訴裁判所（Provincial/Territorial Court of Appeal）を頂点にして、州上位裁判所（Provincial/Territorial Superior Court）、そして州下位裁判所（Provincial/Territorial Court）に分けることができる。

　州下位裁判所は、ヌナヴト準州を除くすべての州および準州に設けられており、当該州法に関する事件その他連邦政府が認めた事件を管轄する。すなわち、重大な事件以外の刑事事件、子の扶養や養子縁組などの家事事件、12歳から17歳の少年に関する事件、交通違反に関する事件、州の規制違反に関する事件、訴額が一定額以下の民事事件などを扱う。州下位裁判所の裁判官は、各州政府によって任命される。

　州上位裁判所は、法律または規則で制限されていない限り、重大な刑事事件や訴額が一定額を超える民事事件を含めて、あらゆる事件に対する裁判管轄権を有する。また、州下位裁判所からの控訴を審理する役割も持つ。名称は各州により異なっており、Supreme Court（ブリティッシュコロン

ビア州など6州）、Court of Queen's Bench（アルバータ州など4州）、Superior Court（オンタリオ州など2州）などと呼ばれる。第一審では、5年の拘禁刑以上の刑罰を受ける可能性がある重大な刑事事件において起訴された被告人は、一般市民で構成される陪審（jury）による審理を受ける権利が保障されている（人権憲章11条（f））。陪審審理では、原則として12名の陪審が全員一致で、被告人が有罪か無罪かを判断し、有罪の場合には裁判官が量刑を決定する。

　州控訴裁判所は、各州の事件に関する州内の最上級裁判所であり、州上位裁判所または州下位裁判所からの控訴を審理する。通常は3名の裁判官で審理されるが、首席裁判官が必要であると判断すれば、より多くの裁判官で審理することもできる。後述するように、州上位裁判所および州控訴裁判所の裁判官は、連邦政府によって任命され、給与が支払われる。

　連邦および州には多くの行政審判所（Administrative Tribunal）があり、労働事件、雇用保険、障がい者給付、国際取引、移民、放送、交通、人権問題などさまざまな法や規制の解釈または適用にかかわる紛争事件を扱う。通常の裁判所に比べて柔軟かつインフォーマルな手続きにより解決が図られる。行政審判所の決定は、限定的ながら裁判所の監督に服する。

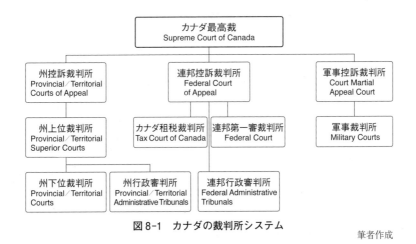

図8-1　カナダの裁判所システム

筆者作成

カナダ最高裁

　1867年憲法101条により、連邦議会には、一般的な上訴裁判所を創設する権限が与えられており、連邦議会は1875年にカナダ最高裁判所を設立した。しかしながら当初は、カナダ最高裁からイギリスの枢密院司法委員会（Judicial Committee of Privy Council）に上訴することが認められていた。同委員会は、イギリスの海外領土、王室属領およびコモンウェルス諸国の最上級裁判所であり、通常、イギリスの裁判官5名で構成される。同委員会への上訴制度が廃止され、カナダ最高裁が最終審の裁判所となったのは、1949年のことであった（ちなみに、オーストラリアは1986年に、ニュージーランドは2004年に、枢密院司法委員会への上訴制度を廃止している）。

　カナダ最高裁の裁判官は9名であるが、そのうち最低3名は、ケベック州の裁判官または弁護士から選任されなければならない（1867年憲法6条）。ケベック州はフランス法を母法としており、他の州と法の内容が相当程度異なるからである。また、地域的な利害関係もバランスよく解決できるようにとの配慮から、通常、3名はオンタリオ州から、2名は西部の州から、1名は大西洋沿岸諸州から選ばれることが慣例となっている。定年は75歳である。

　カナダ最高裁は、連邦裁判所および州控訴裁判所からの上訴を扱う。アメリカ連邦最高裁も、各州の最上級裁判所から上訴された事件を審理することができるが、上訴が認められるのは、アメリカ合衆国の憲法または法律に関する問題に限定されているのに対して、カナダ最高裁は、州法の問題についても、最終的に解釈する権限を有している。それだけ幅広い法律問題を取り扱うことになるが、ほとんどの場合、最高裁で審理されるためには、上訴許可（leave to appeal）を得る必要があり、実際に上訴が許可されて受理されるのは、カナダにとって重要性が高いとされる事件のみである。

　連邦政府、そして事実上州政府も、憲法、連邦法もしくは州法の解釈、または連邦議会、州議会もしくは各政府の権限などについて、カナダ最高裁に対して勧告的意見を求めることができる照会制度（reference）が存在す

る（最高裁判所法53条）。我が国では、具体的な争訟事件でなければ、裁判所が憲法判断を下さないのと対照的である。

　実際に、カナダ憲法に関する重要な法律問題の多くは、照会事件において、解決されてきた。たとえば、憲法改正に州の同意が必要か否かに関する1981年の照会事件（Re Resolution to amend the Constitution, [1981] 1 S.C.R. 753、前述）、ケベック州の分離独立に関して、連邦政府や他の州との交渉をせずに一方的に分離することは認められないとした1998年の照会事件（Reference re Secession of Quebec, [1998] 2 S.C.R. 217）、同性婚を認めたとしても人権憲章に違反しないが、宗教家がその宗教的信条に反して同性カップルの結婚式を執り行うことを強制されることは信教の自由に反するとしたもの（Re Same-Sex Marriage [2004] 3 S.C.R. 217）などが有名である。この照会制度も、議会が法案の合憲性などについて裁判所の意見を事前に求めて対応することを可能にするものであり、議会と裁判所の対話を促進するものといわれている。

(3) 裁判官の任命

　日本の裁判官任命制度のもとでは、司法修習が終了した直後に判事補となり、裁判所内部で訓練を重ねて判事に任命される場合がほとんどである。これに対して、カナダは、イギリスやアメリカ合衆国と同様、法曹一元制度を採用しており、裁判官になるには、まず弁護士としての活動実績がなければならない。連邦第一審裁判所、連邦控訴裁判所、租税裁判所、州上位裁判所および州控訴裁判所の裁判官になるには、一般的に10年以上弁護士として活動していることが必要とされている。

　カナダの裁判官の任命において特徴的であるのは、連邦裁判所の裁判官はもちろんのこと、州上位裁判所および州控訴裁判所の裁判官についても、総督、すなわち連邦政府に任命権限があることである（1867年憲法96条参照）。その根拠は必ずしも明確にされているわけではないが、1867年憲法の制定者は、州の裁判所においても、連邦法にかかわる法律問題や憲法問

題も取り扱うので、連邦政府が裁判官の任命に関与すべきと考えたといわれている。たとえば、刑法は国家事項であって連邦議会に制定する権限があるが、実際に刑事裁判が行われるのは州裁判所であり、州によって量刑などの運用に差異が生じると困るので、各州の上位裁判所および控訴裁判所の裁判官は、連邦政府が任命することにしたとの理由が挙げられている。

　連邦政府による裁判官任命手続では、政治的な任命を避けるために、裁判官任命諮問委員会（Judicial Advisory Committee）が重要な役割を担っている。この委員会は、各州に少なくとも1つ存在し、また、連邦レベルでは、法務大臣が任命した弁護士、裁判官、法執行官、一般市民の委員から構成される裁判官任命諮問委員会が、申請者の資格審査（10年以上弁護士として活動していることなど）を行い、裁判官として推薦するか否かの回答をする。これにもとづいて、最終的に総督（連邦政府）が、連邦の裁判官、州上位裁判所および州控訴裁判所の裁判官を指名するのである。

　カナダ最高裁の裁判官に指名される資格要件は、最高裁判所法（Supreme Court Act）5条によれば、各州の上位裁判所（州控訴裁判所を含む）の現職もしくは元裁判官である者または少なくとも10年以上弁護士として活動している者と定められている。ほとんどすべての裁判所の裁判官に選任されるためには、弁護士として10年以上活動していることが求められるので、事実上ほとんどの裁判官が、最高裁の裁判官に指名される資格を有することになり、実際に最高裁裁判官の多くが、裁判官出身者で占められている。

　カナダ最高裁の裁判官は、法律上、内閣の助言により総督が指名すると規定されているが（最高裁判所法4条2項）、実際には首相がだれを指名するか総督に指示し、首相の裁量権に委ねられていたので、その選任過程が不透明であるとの批判があった。

　この批判に対応するために、2004年に当時の法務大臣アーウィン・コトラー（Irwin Cotler）が、最高裁裁判官の任命手続や判断基準について、議会に対して説明することとなった。さらに2016年、ジャスティン・トルドー（Justin Trudeau）首相率いるカナダ政府は、任命手続の透明性とアカ

ウンタビリティを確保するために、新たな手続を公表した。それによると、裁判官、弁護士および非法律家で構成される最高裁裁判官任命諮問委員会（Advisory Board）が、裁判官または弁護士の有資格者による応募を受け付けて審査を行い、3名から5名に絞ったリストを提出する。法務大臣は、そのリストについて、カナダ最高裁の首席裁判官、関係する州の司法長官（Attorney General）などと協議のうえ、首相に推薦し、首相が最終的に候補者を決定する。そして、その候補者が、議会の関係議員の前で質疑に応ずるという内容である。ただし、このような任命手続は立法化されておらず、継続的かつ安定的な制度として構築することが今後の課題である。いずれにせよ、カナダは、最高裁裁判官の任命における透明性とアカウンタビリティを高める改革を行っているといえる。これに対して、日本国憲法では、最高裁長官は、内閣の指名にもとづいて、天皇がこれを任命し（日本国憲法6条2項、裁判所法39条1項）、最高裁裁判官は、内閣が任命する（日本国憲法79条1項、裁判所法39条2項）と規定されているが、実際には最高裁と内閣との協議によって決定されるといわれており、その任命過程における透明性が確保されているとはいいがたい。

　なお、州下位裁判所の裁判官は、各州が定める方法にもとづいて各州政府により任命され、給与が支払われる。

126

コラム7 先住民の権利について

　カナダには、ファースト・ネーションズ（インディアン）、イヌイットそして
メティス（フランス系男性とインディアン女性の混血人を祖先とする民族）な
どの先住民が、カナダ全土で約160万人存在している。1982年憲法35条1項は、
「カナダの先住民の現存する先住民としての権利および条約上の権利は、ここ
に承認され是認される」と規定し、人権憲章とは別個に、特別な集団的権利と
しての定めを置いている。先住民は、ヨーロッパ人が入植する以前から、長年
その土地に住み、独自の文化を形成してきたからである。したがって、同法35
条の規定にもとづく先住民の権利は、人権憲章33条による適用除外の対象とな
らず、また平等原則（人権憲章15条1項）にも反しない。では、先住民のいか
なる権利が保障されるのであろうか。

　判例によれば、先住民の権利として認められるためには、その行為が、「先
住民の独自の文化にとって不可欠な慣習、慣行または伝統であり、ヨーロッパ
人と接触する以前から存在するもの」でなければならないとされる。たとえば、
移住することを常としていたある先住民族は、ヨーロッパ人と接触する以前か
ら、一時的な住居やカヌーを作るために木材を伐採する慣行があったが、定住
する家屋を建てるために、政府の土地にある木材を許可なく伐採したことが、
州の法律に違反するか否かが争われた事例において、カナダ最高裁は、先住民
のコミュニティ内で使用するために木材を伐採することは、独自の文化にとっ
て不可欠であり、先住民の権利として認められるとの判断を下した。これに対
して、連邦法により食料のために利用することに限定して漁を許可する免許が
発行されたが、ある先住民が捕った魚を売買したので、その行為が当該法律に
違反するか否かが問題となった事例において、魚の売買は、その先住民族の文
化にとって不可欠なものでなく、市場に魚を供給し始めたのはヨーロッパ人と
接触した後であったとして、先住民としての権利とはいえないと判断された。

　先住民の土地利用権（aboriginal title）も、1982年憲法によって保障される
先住民の権利に含まれるが、これは、国王が主権を獲得した時に、先住民が十
分かつ排他的に占有しており、その占有が現在まで継続している場合に認めら
れる。土地利用権には、独自の文化にとって不可欠な伝統といえなくとも、さ
まざまな行為を行うことが認められる集団的な権利であり、また政府以外に譲
渡することができないという点で、特殊な権利であるといえる。裁判所は近年、
先住民の土地利用権を広く認めようとする姿勢を示している。たとえば、季節
に応じて、狩猟や漁、収穫のために一定の地域を移動し、半遊牧民的な生活を
している先住民は、その地域において十分かつ排他的な占有をしていたとされ
た。また、そのような占有の証明について、先住民が書面による記録を残して
いることはほとんどないので、口承（oral histories）でもよいとされている。

　他方で、先住民の権利も絶対無制約なものではなく、天然資源保護などの目
的および手段が正当であるときは、先住民の権利の制約も許されるが、正当性
の立証責任は規制する側にある。

　このように裁判所は、特別な集団的権利として先住民の権利を広く承認した
うえで、現代のカナダ社会において、非先住民と共生可能な枠組みを模索して
いるのである。　　　　　　　　　　　　　　　　　　　　　　　（木村　仁）

第9章

太平洋を隔てた隣国
日加関係

木村裕子

はじめに

　現在、多くの日本人が、太平洋を隔てた隣国であるカナダを観光や留学、短期就労で訪れる。しかし、2018年に国交樹立90周年を迎えた日加関係がいつごろどのように発展したのか、第二次世界大戦では日本とカナダが敵国となり、多くのカナダ人兵士が日本軍の捕虜となったことや、カナダ在住日系人が強制収容されたことなどについて知らない人もまだ多いかもしれない。日本とカナダがたどってきた歴史を知ることにより、カナダへの理解を深めると同時に、現在の日加関係とこれからの課題にも目を向けたい。

　本章では、日加関係を時系列に区分し、第1節では関係の始まりと第二次世界大戦までの日本人移民について、第2節では第二次世界大戦が日本人移民やカナダ生まれの日系人に及ぼした影響について、最後の第3節では現在の日加関係について述べる。

1 初期の日加関係

(1) 日本人移民の始まり

　1877年、当時22歳の永野万蔵が日本人として初めて太平洋沿岸のブリティッシュコロンビア州（以下、BC州）に渡ってきた。カナダが1867年にカナダ連邦として自治を始めて10年、BC州がカナダ連邦に加入して6年という頃であり、新生活の可能性にあふれていた。万蔵の上陸から10年、1887年には横浜・ヴァンクーヴァー間に太平洋航路が開設され、本格的な日本人移民が始まった。日本人移民の大半は滋賀県、和歌山県、鹿児島県、熊本県などの出身の独身男子で、漁業、缶詰工場、造船業、伐木業、製材業、鉄道建設業、炭鉱などで働いた。日本人労働者は白人労働者よりも安い賃金で働くことをいとわなかったため、カナダ人雇い主は日本人労働者を好んで雇い、出稼ぎ日本人労働者は増加した。白人労働者は、日本人労働者が白人労働者から仕事を奪うのではないかと恐れた。さらに、出稼ぎ日本人労働者は、収入を日本に持ち帰るのでカナダ経済に貢献せず、家庭を持ち次世代を生み出すことも、地域に根づくこともないと批判した。[1]

　日本人労働者は、次第にカナダに定住するようになり、日本から写真や手紙だけで見合いした「写真花嫁」をカナダに呼び寄せ、家庭を持つようになった。そして、カナダ生まれの日系2世も増えた。1910年には日本人移民の数は1万7000人になっていたが、その大部分がヴァンクーヴァーやヴァンクーヴァー島といった太平洋沿岸地域に集中していた。カナダに定着したものの、白人のカナダ人からは人種的・文化的にカナダ社会に同化できないと差別された。そのうえ、日本人移民はたとえカナダ市民権を取得しても、またカナダ生まれの日系2世であっても、選挙権は与えられておらず、教師、弁護士、医者、公務員といった公職に就くことも許されていなかった。

　この頃、日本人移民のほかに大きな移民コミュニティを形成していたのが中国人移民だった。BC州を流れるフレイザー河流域で起きた1858年の

ゴールドラッシュに始まり、1881-85年のカナディアン・パシフィック鉄道建設のため、さらに1万5000人もの中国人移民がカナダに上陸した。当時のBC州の人口が約5万人であったことをかんがみると、短期間での中国人移民の増加率は著しく、反発も大きかった。中国人移民の減少を望むBC州政府からの圧力と、鉄道完成により中国人労働者が不要になったこともあり、カナダ政府は中国人移民を制限するため、1885年に中国人に対し50ドルの人頭税を導入した。人頭税とは、カナダに入国する際に、中国人各個人に一律に課せられた税金である。さらに1903年には人頭税を500ドルに値上げした。500ドルは、当時の中国人移民がカナダで得られる平均年収の倍近い額であったが、それでもカナダで働くことを望み、カナダに入国する中国人は続いた。そのためカナダ政府は、1923年に中国人移民のカナダ入国を禁じた。これが解除されるのは、1947年のことである。

　一方、日本人移民に対しては、中国人に対するような移民制限政策がとられることはなかった。その理由の一つとして、当時の日加貿易が著しく成長し、カナダの貿易相手として日本が重要であったことが挙げられる。もう一つの理由には、日英通商航海条約が挙げられる。1894年に日英間で結ばれた日英通商航海条約には、イギリス帝国の一員であるカナダも含まれており、日英通商航海条約のもと、日本とカナダの国民は互いの出入国や居住の自由が認められていた。

　日本人がカナダへ渡っていた頃、カナダからはキリスト教宣教師が日本へ渡ってきていた。1873年に最初のカナダ人宣教師が静岡と東京に上陸した。カナダ人宣教師は、宣教活動の一環として、英語や理系の学問を学べる西洋の教育や女子教育を日本に持ち込み、キリスト教を基盤とする学校を日本各地に設立した。たとえば、1884年にはカナダ・メソヂスト教会がカナダ人による初の学校となる東洋英和学校と東洋英和女学校を設立した。カナダ・メソヂスト教会は、1910年より関西学院の運営にもかかわるようになった（**第5章**参照）。

(2) 日本人移民の制限

　カナダの隣国であるアメリカ合衆
国にはカナダよりさらに多くの日本
人移民がいたが、彼らもまた激しい
人種差別の対象となっていた。1907
年2月、排日運動を考慮したアメリ
カ政府は、日本人移民を制限するた
め、日本人がハワイ経由でアメリカ
合衆国本土に上陸することを禁止し
た。日本人は目的地をアメリカ合衆
国からカナダに変え、BC州に上陸
する日本人が急増した。その結果、
BC州でも日本人移民排斥を訴える
声がさらに高まった。

写真9-1　ヴァンクーヴァー暴動で被害
を受けた日本人移民経営の店舗
（Library and Archives Canada 所蔵）

　日本人移民だけでなく、中国人移民やインド人移民も対象とする反アジ
ア移民感情は、ついに暴動という形で爆発した。1907年9月、ヴァンクー
ヴァーの中華街で発生した暴動は、日本人街にも広がり、日本人の経営す
る商店などが破壊された（**写真9-1**）。ヴァンクーヴァー暴動が起こったこ
とにより、カナダ政府はBC州の反アジア人移民排斥運動に対処せざるを
得なくなった。そればかりでなく、日英同盟や日英通商航海条約を結んで
いる日英関係の悪化も防がなくてはならなかった。

　1908年、カナダ政府は、ロドルフ・ルミュー労働大臣を東京に送り、日本
政府の林董外務大臣と移民制限に関する交渉を行わせた。交渉の結果、日
加両政府は、日本政府が「自発的に」カナダへの日本人移民を年400人以下
に制限し、日本人が雇用する使用人とカナダ政府認定の契約労働者に限る
との協定を結んだ。ただし、日本人移民の家族は制限されていなかったた
め、「写真花嫁」を呼び寄せることは可能であった。「ハヤシ・ルミュー協定
（"Hayashi-Lemieux Agreement" あるいは「紳士協定」）」において、日本政

府が「自発的に」日本人移民を制限した理由は、前述のように日英通商航海条約によってカナダへの日本人移民が保障されており、カナダ政府には日本人移民を一方的に制限する権限がなかったからである。また、当時のカナダ政府は外交自主権を持っていなかったため、自由に日本と外交問題を交渉することはできなかった。ゆえに、ルミュー労働大臣と林外務大臣の会談には、カナダの外交を代行していた母国イギリスを代表して駐日イギリス大使が同席していた。

(3) 在外公館の開設

　カナダは1867年の連邦結成以来、外交自主権を望んでいたが、第一次世界大戦を機に少しずつ自主外交の場を広めていった。第一次世界大戦での貢献が評価され、カナダはイギリス帝国代表団の一員としてではあったが、1919年のパリ講和会議に出席し、ヴェルサイユ講和条約にも調印した。さらに国際連盟にも原加盟国として加入した。

　そしてついに1926年、帝国会議においてバルフォア宣言（Balfour Declaration of 1926）が決議され、カナダやオーストラリアといったドミニオン（自治領）の外交自主権が認められた。これは、1931年になってウェストミンスター憲章（Statute of Westminster）として法制化される。バルフォア宣言をうけて、カナダは1927年、ワシントンに最初の公使館を設置した。翌年、在パリ代表を公使に格上げし、駐ロンドン高等弁務官に公使と同等の権限を与えた。これらに続く公使館の設置場所として選ばれたのが東京であった。1929年に在日カナダ公使館が開館し、初代公使ハーバート・マーラーが着任した。在カナダ日本公使館は前年の1928年に開設され、初代公使として徳川家正が着任している。ここに日加国交が正式に樹立された。

　カナダがアジアの拠点として東京を選んだのは、移民問題と貿易、そして日本の軍事行動が主な理由であった。日本人移民に関しては、「ハヤシ・ルミュー協定」ですでに制限されており、日本人移民のなかには第一次世界大戦でカナダ軍に入隊し、ヨーロッパ戦線で戦った者もいたが、日本人

排斥の声は沈静化することはなかった。カナダ側には、東京に公使館を設置することによって日本人移民をさらに制限したいという意図があった。貿易に関しては、1928年には日本はカナダの輸出相手国第3位になっており、さらなる発展が見込まれていた。そして3つ目の理由である日本の軍事行動についてだが、日本が日清戦争および日露戦争で勝利をおさめ、軍事大国として台頭し始めていたため、カナダはアジアにおける日本の軍事行動を注視する必要性を認識していた。

2　第二次世界大戦と苦難の時

(1) 香港戦

　1941年12月7日ハワイ時間午前8時（日本時間8日午前3時）頃、日本はハワイの真珠湾を攻撃した。そして約6時間後、イギリス領であった香港を攻撃した。そのひと月前、カナダ政府は、イギリス政府の要請に応じて、カナダ軍を香港に派兵していた。ゆえに日本軍の香港攻撃直後、カナダは日本に対して宣戦布告し、カナダ軍は日本軍と戦うことになった。

　香港での戦いは、カナダ軍にとって非常に厳しい戦いとなった。戦いが始まってからわずか17日後の12月25日に香港は陥落した。約2000人のカナダ軍兵士のうち300人弱が戦死し、負傷者も含む残りのカナダ軍兵士は日本軍の捕虜となった。日本軍は戦時国際法に反し、日本や台湾などの鉱山や造船所で長時間の労働を捕虜に強制し、まともな食事も与えなかったため、さらに300人弱のカナダ人捕虜が死亡した。戦後、帰還した元捕虜のなかには肉体的・精神的後遺症に苦しみ、サンフランシスコ講和条約による日本政府の賠償を不十分だと受け止める者も多くいた。カナダ人元捕虜たちが日本政府に公式謝罪を要求し続けた結果、2011年12月の香港戦70周年にあたり、日本政府は元捕虜代表団に公式謝罪を行った。

(2) 第二次世界大戦中の日系人

　日本がカナダの敵国となったことにより、カナダ在住の日系人（以下、日本人移民とその子孫を「日系人」と称す）は、「敵性外国人」と中傷や誹謗を浴びるようになった。1941年12月の開戦後まもなく、日系コミュニティの中心人物であった38名が、スパイ行為をはたらく可能性があると連邦警察に逮捕された。日系人の夜間外出は禁止され、日本語学校も閉鎖された。12月25日に香港が陥落し、多くのカナダ軍兵士が日本軍の捕虜となると、カナダ人は、日本が太平洋から攻撃してくるのではないかと恐れた。そして、日系人が日本軍のスパイであると噂し、彼らのカナダへの愛国心を疑い、日系人に対するより厳しい措置を求めるようになった（Ward 1978：149, 156-158）。その結果、1942年1月、カナダ政府は、太平洋沿岸160キロメートル以内の地域に住む18歳から45歳の日本国籍の男性を退去させ、ロッキー山脈の道路建設労働キャンプへ送った。

　1942年2月、シンガポールが日本に陥落すると、アメリカ政府は約10万人の在米日系人をアメリカ軍の監視下におき、太平洋沿岸の日系人の強制退去と強制収容を発表した。カナダ政府もアメリカ政府にならい、同月、「カナダの安全保障」を守るため太平洋沿岸から160キロメートル以内に住むすべての日系人を退去させることを発表した。女性、子ども、老人にかかわらず、また市民権の有無に関係なく、すべての日系人約2万人（当時のカナダ在住日系人の95％）がこの措置の対象となった。対象となった日系人の約75％は、カナダ生まれであるか、カナダ市民権を取得していた。また、カナダ政府は、日系

写真9-2　収容所に送られる日系人の家族
(Library and Archives Canada 所蔵)

人の土地、家屋、商店、農地、車、漁船といった資産もカナダ政府の管理下におくことを決めた。

　強制退去させられた日系人のなかには、強制退去に抵抗し、ケベック州の捕虜収容所に送られた者もいた。2000人ほどは、自主的に自費でBC州内陸部やカナダ東部に移住した。その他の大多数の日系人は、BC州内陸部、アルバータ州、マニトバ州の収容所に強制的に移動させられた（**写真9-2**）。カナダ政府は、閉山してゴーストタウンとなっていた炭鉱町の建物を再利用したり、簡素な建物を建てたりして、日系人を収容した。移住先の冬は、温暖なヴァンクーヴァー周辺やヴァンクーヴァー島とは比べものにならないほど厳しく、簡素な建物で寒さに震えた。さらに、収容された日系人は、町の住民と交流することも許されず、警察の監視下におかれた。家や職だけでなく自由をも奪われ、精神的にも非常に過酷な生活を送った。

　日系人の辛い収容所生活にさらなるダメージを与えたのが、資産の売却であった。当初、日系人が残してきた不動産や自動車、船といった資産は、カナダ政府の管理下におかれていた。しかし、1943年1月、カナダ政府は、政府認定の管財人に日系人の資産を所有者の同意なしに売却する権限を与えた。その目的は、日系人が太平洋沿岸に戻るのを難しくすること、そして、日系人の資産をカナダ人、とくに退役軍人に安く売却することで、彼らの生活支援をすることであった。さらに、カナダ政府は、市場価格より安く売却した額から、強制移動や収容所での生活にかかった費用を差し引いた額を日系人所有者に支払った。つまり、カナダ政府は強制収容の費用すら日系人に払わせたことになる。

　カナダ政府による人種差別的ともいえる反日系人政策にもかかわらず、カナダ生まれの日系人のなかにはカナダへの忠誠心を示すためにカナダ軍に入隊した者もいた。また、カナダ人の恐れに反して、日系人によるスパイ行為の証拠はみつからず、日本軍がカナダを攻撃することもなかった。唯一の例外は、1942年6月、日本の潜水艦がヴァンクーヴァー島のラジオ塔を攻撃したことだが、被害は少なく、死者も出なかった。

(3) 戦後の日系人

　サイパン島がアメリカ軍に陥落し、日本の敗戦が明白となった1944年、アメリカ政府は日系人に対する太平洋沿岸からの立ち退きを解除し、収容所を閉鎖し始めた。それとは対照的にカナダ政府は、日系人にロッキー山脈よりさらに東への再移住か、日本への送還かを選ぶよう求めた。

　約4000人の日系人が「本国送還」を選んだが、そのなかには家族に同行するカナダ生まれの子どもたちもいた。彼らにとって日本は帰るべき「本国」ではなく、「本国送還」というよりはむしろ「国外追放」であった。そして、日系人のカナダ市民権は、日本への送還と同時にはく奪された。日系人が帰り着いた日本は、原爆や空襲によって荒れ果てており、そのような状況下で生活を立ち上げなければならなかった。カナダ人のなかにも、もはや「敵性外国人」でなくなった日系人に対する「本国送還」と「カナダ市民権はく奪」は、あまりに厳しすぎると反対の意見も上がった (Ward 1978：164-165)。

　ロッキー山脈よりさらに東に自費で再移住した日系人もまた、一から生活を立て直さなければならなかった。厳しい反日感情や人種差別は続き、いわゆるホワイトカラーの仕事に就くことは難しかった。戦後4年もたった1949年にようやく日系人が太平洋沿岸に戻ることが許されたが、戦時中にカナダ政府によって日系人所有の不動産や事業といった資産はすべて売却されてしまっていたため、住み慣れた太平洋沿岸にも帰る場所は残されていなかった。同時に、太平洋沿岸の日系人コミュニティも消滅してしまっていた。

　1948年にカナダ市民権を持つ日系人に連邦選挙権が与えられ、公職に就くことも可能となった。3、4世の代となった日系人は、カナダ社会に溶け込み、成功をおさめる者も多く出た。しかし、戦後も根強く残っていた反日感情や人種差別にかんがみ、日系人として目立たないよう努め、再移住先でもあえて日系コミュニティを再建することもなかった。そのため、3、4世が日本語や日本文化を継承する機会も減ってしまっていた。

　1971年、ピエール・トルドー首相が多文化主義政策を取り入れると、マ

イノリティを受容する風潮がカナダ社会に浸透し始め、マイノリティたちも自らのルーツを尊重するようになった。日本文化や日本語教育から距離をおいていた日系人も、日系人の歴史を掘り起こす活動を始めた。1981年に日系2世のジョイ・コガワによる自伝的小説 Obasan（邦題『失われた祖国』）が出版されると、カナダ社会にも日系人の戦時中の苦難が広く知られるようになった。

　同じ頃、全カナダ日系人協会（NAJC）を中心として、謝罪と補償を求める「リドレス運動（Redress Campaign）」が始まった。1988年、ブライアン・マルルーニ首相は、カナダ連邦下院議会で戦時中の日系人への扱いを謝罪し、被害者1人当たり約2万ドルの賠償金、日系コミュニティへの補償金、カナダ人種関係基金の設立、戦時中に不当逮捕された者の名誉回復、「本国送還」によりはく奪されたカナダ市民権の回復を発表した。

　戦後75年近く経ち、強制収容の生存者は年々減少しているが、彼らの苦難を償う取り組みは現在でも行われている。たとえば、2017年4月、BC州政府は日系人の強制収容75周年にあたり、BC州内に残る収容所跡地や日本語学校などを、日系人に関する史跡に指定した。

3　戦後の日加関係

　1951年にサンフランシスコ講和条約が結ばれ、翌年には日本とカナダの国交が回復した。以来、両国の経済・政治・文化関係は発展し続けている。

　日加貿易は、国交が回復する5年前の1947年に再開され、1954年には日加通商協定も結ばれた。日本は、経済成長とともにカナダの2番目に大きな輸出・輸入相手国にまでのぼりつめた。しかし2000年代に入ると、日本は輸出・輸入相手国のどちらも2位から転落してしまった。カナダ政府発表の2018年7月時点のデータによると、日本はカナダの輸出相手国としてアメリカ合衆国、中国、イギリスに次ぐ第4位、輸入相手国としてアメリカ合衆国、中国、メキシコ、ドイツに次ぐ第5位である。[2)] カナダの日本への輸

出品目は、石炭、材木、農産物（菜種オイル、豚肉、大豆、小麦）、魚介類が主で、日本からの輸入品目は、自動車、自動車部品、機械、電化製品が主である。一方、カナダは日本の貿易相手国の上位国に入っていない。2017年、カナダは日本の輸出相手国として第17位、輸入相手国として第15位であった。[3)]

　現在、カナダと日本はともに、アジア太平洋にひとつの経済圏を作らんとする環太平洋経済連携協定（以下、TPP）の加盟国である。アメリカ合衆国のドナルド・トランプ大統領が2017年1月の就任後まもなくTPP離脱を表明したのちは、カナダや日本など残った11か国で批准に向けた交渉を続けた。しかし、同年11月、TPP11協定の署名を目前に、カナダのジャスティン・トルドー首相が合意内容に難色を示し、TPP11協定の署名は見送られてしまった。一時はカナダ抜きでの合意も取りざたされたが、結局カナダが合意内容に譲歩し、2018年3月8日にTPP11協定が署名された。また、2012年、日本とカナダは日加間の自由貿易を実現させるため、日加経済連携協定（以下、日加EPA）の交渉を開始したが、TPPの交渉が進展したこともあり、2014年を最後に日加EPAの交渉会合は開かれていない。

　政治的にも、カナダと日本は良好な関係を保ってきた。国際連合、G7、G20（金融世界経済に関する首脳会合）、アジア太平洋経済協力（APEC）等の国際的組織において、共通の価値観を持つパートナーとして協調している。また、安全保障では、2018年に物品役務相互提供協定（ACSA）が結ばれ、カナダ軍と自衛隊の共同演習や国連平和維持活動における協力が円滑化されることになった。

　政治家や要人の交流も盛んである。日本とカナダの国会議員は日加友好議員連盟を通じて定期的に互いの国を訪れ、意見交換を行っている。2009年7月には日加修好80周年を記念して、天皇皇后（現在の上皇上皇后）両陛下が国賓として初めてカナダを訪問された。カナダからは、2016年5月にG7伊勢志摩サミットに出席するため、トルドー首相夫妻が来日した。少々横道にそれるが、トルドー首相は、来日中に迎えた結婚記念日を祝うため、公務を1日休み、伊勢志摩付近で夫婦水入らずで過ごした。休暇の費用はすべて私費でまかなったこともあり、カナダ国民の反応は、「ワーク・ライ

フ・バランス」を実現している、愛妻家だ、公務で海外滞在中であっても休日を私費で過ごすことに問題はないなど、おおむね好意的であった。

　その他の日加間交流も盛んで、70以上の市町村がカナダ自治体と姉妹・友好都市協定を結んでいる。北海道は唯一都道府県レベルで、アルバータ州と姉妹州となっている。人と人の交流のプログラムも数多く、互いの国で一定期間働くことができるワーキングホリデー制度、カナダ人が日本の小中学校や高等学校、地方自治体や教育委員会で英語指導や文化交流などを行うJETプログラム、交換留学プログラムや語学研修、学術交流などが挙げられる。

　このように経済、政治、民間などさまざまなレベルで日加関係は良好であるが、時にカナダと日本の間に外交問題が持ち上がることもある。近年では、2007年にカナダ下院議会において、中国系下院議員により「日本政府が元慰安婦に謝罪・賠償すべきであるとカナダ政府が日本政府に提言する」旨の動議が提出された。動議はアジア系が多い選挙区出身の議員に支持され、日加間の良好な外交関係にも触れた内容に修正されたのち、下院において満場一致で可決された。

　日加間でこのような外交問題がおこることは極めてまれであり、その影響も日加関係に大きくひびが入るほどではない。しかし、それゆえ日加関係がメディアや世間の関心を集めることもあまりない。日本人がカナダに対して抱いているイメージは、ロッキー山脈やオーロラ、紅葉といった雄大な自然、「赤毛のアン」などが主で、観光や留学で訪れる人が多くても、カナダの歴史や文化がよく知られているとはいえない。同様にカナダ人も、和食やアニメ、侍や忍者などいかにも日本的な分野に興味を持つ傾向がある。このようなステレオタイプから抜け出し、官民の両レベルで日加関係により幅広く多くの関心を集めることが、より深い相互理解と友好関係を促進するための課題といえるだろう。

注

1) Report of the Royal Commission on Chinese and Japanese Immigration, Canada. Privy Council Office. 1902, pp. 52, 356, 375, 393.
2) Statistics Canada.
   https://www150.statcan.gc.ca/n1/daily-quotidien/180905/t001a-eng.htm（最終閲覧日：2019 年 10 月 8 日）
3) 日本貿易振興機構（ジェトロ）「ドル建て貿易概況」
   https://www.jetro.go.jp/world/japan/stats/trade/（最終閲覧日：2019 年 10 月 8 日）

引用文献

Ward, W. P.（1978）*White Canada Forever: Popular Attitudes and Public Policy Toward Orientals in British Columbia.* McGill-Queen's University Press.

コラム8 カナダの「グローバルシティ」を彩る日本企業

　近年トロントやヴァンクーヴァーなどカナダの大都市には数多くの日本企業が進出している。これらの企業はグローバルな世界展開の一環としてカナダ都市部に進出しているため、カナダの街角にエキゾチックな「日本」イメージを表出させているわけではない。むしろカナダの大都市がグローバルシティになるなかで、東京とさほど変わらない風景が街なかに広がるようになっている。以下いくつか紹介してみよう。

　ユニクロは2016年9月にトロントのダウンタウン中心部ヤング＝ダンダス・スクエアに面した「CFトロント　イートンセンター」に、第1号店を出店した。総売場面積約2545平方メートル（約770坪）の巨大店舗である。その後もユニクロのカナダへの出店は続き、2020年1月の時点で計13店舗が展開されている。またMUJI（無印良品）も2014年にトロントに初号店をオープンし、オンタリオ州に計5店舗、ブリティシュコロンビア州に3店舗の展開をしている。2018年にはMUJIトロント初号店がアジア以外で最大の旗艦店となった。これらの店舗は現地採用を進め、カナダの雇用拡大や州経済の活性化にも大きく貢献している。

　その他にも、現在トロントには、老舗茶店「辻利茶舗」がカナダ第1号店として抹茶カフェ「TSUJIRI TORONTO」をオープンしている。また福岡から世界展開している「Uncle Tetsu's Japanese Cheesecake（てつおじさんのチーズケーキ）」にも長蛇の列ができるなど、大人気を博している。日本の伝統文化ではなく、現代日本の消費文化がカナダの消費者を引きつけているのである。

TUJIRI TORONTO
(blog TO, April 17, 2018)

　日加関係の過去の歴史においては、日本人の入国制限、カナダに居住する日系人に対する市民権の制限、第二次世界大戦中の日系人強制収容など、両国の政治・外交関係が暗い影を落とした時代もあった（**第9章**参照）。しかし国境を越えた消費文化の共有は今後一層両市民の距離を縮めることにつながるだろう。カナダ旅行や留学をする際には、現地で日本ブランドがどのように愛され、受け入れられているのかをフィールドワークしてみるのも楽しいだろう。日本企業のグローバルな展開とともに紡がれる、日本とカナダの新たな関係にぜひふれてほしい。　　　　　　　（大岡栄美）

引用文献

blog TO (2018, April 17) "Tsujiri Toronto Yonge St." https://www.blogto.com/cafes/tsujiri-4909-yonge-toronto/（最終閲覧日：2020年2月10日）

第10章

カナダと国連平和維持活動

木村裕子

はじめに

　第二次世界大戦後、カナダは国際連合（以下、国連）、平和主義、多国間協調を重視するミドルパワー外交を展開し、時にはアグレッシブな隣国アメリカ合衆国の外交と対比され、カナダのアイデンティティ形成の柱のひとつとなった。カナダのミドルパワー外交は、カナダが提唱した国連平和維持活動（以下、国連PKO）に体現されている。本章では、カナダが国連PKOを提唱した背景や意図、冷戦後の国連PKOで直面した問題、現在の国連PKO政策について学びたい。日本も1992年より国連PKOに参加しており、2018年4月、日加両政府は、国連PKO等において軍レベルで協力する協定を結んだ。国連PKO創出の父であるカナダの国連PKOのかかわりについて学ぶことは、これからの日本の国連PKOのかかわり方や他国との協調を考えるうえでも大いに参考となるはずだ。

　以下では、第1節において国連PKOの目的とカナダの外交姿勢、第2節では国連PKO誕生とカナダの反応、第3節では冷戦終了後の国連PKO、第4節では2015年に成立したジャスティン・トルドー政権の国連PKO政策について検討する。

1 国連PKOとミドルパワー外交

　カナダと国連PKOのかかわりを学ぶには、まず国連PKOとは何か、そして国連PKOの原型を提唱したカナダの外交姿勢について理解する必要がある。

　国連憲章の第1章第1条によると、国連の目的は、国際平和および安全を維持することであり、平和の破壊に対して集団的措置をとり、国際的紛争等には平和的手段によって解決をめざすことである。国連平和維持活動は、まさに国連の目的そのものであり、国際平和と安全維持のための活動である。各国の軍隊や警察などから派遣されたピースキーパーは、国連PKOの目印である青いヘルメットや青いベレー帽をかぶり、停戦監視、復興支援、難民保護などを行う。

　国連PKOの基本3原則は、①紛争当事者の受け入れに対する合意、②中立性と文民の保護、③自衛および任務の防衛に限った最低限の武力行使である。この他に、国連安全保障理事会の承認を得ていること、当事国や現地住民からの信頼を得ていること、国連PKO撤退後も国家能力を持続できる力が国家や地域にあることなども、国連PKOの成功に不可欠である（国際連合平和維持活動局・フィールド支援局 2008）。

　国連初のPKOは、第一次中東戦争（1948 - 49）の停戦監視のためパレスチナに設立された国連休戦監視機構（以下、UNTSO）であるが、UNTSOは停戦を監視する顧問団のようなものにすぎなかった。後述するように、1956年のスエズ危機で当時のカナダ外相レスター・B・ピアソンが提唱した国連緊急軍（以下、UNEF）が、国連が紛争の平和的解決のために派遣した初めての国連軍であり、その後の国連PKOのモデルとなった。

　カナダがミドルパワーであることが、カナダがUNEFを提唱するに至った背景にある。カナダは、第二次世界大戦においてイギリス・アメリカ合衆国・フランスとともに連合国軍の一員としてヨーロッパ戦線や香港で戦った。そしてカナダはその貢献の大きさから、連合国軍のなかでカナダの発言力が高まることを期待した[1]。しかし、大国であるアメリカ合衆国、イギリ

ス、フランスがカナダを同等に扱うことはなく、戦後も変わらずミドルパワーの国家として格下のパートナーに位置づけられたままであった。

　失望を味わったカナダは、国際的発言力を高めるため、ミドルパワー外交を打ち立てた。カナダは、大国に力を集中させず、カナダのようなミドルパワーが得意分野で力を発揮し、大国ができないような国際貢献をすべきであり、各々の貢献にふさわしい発言力や影響力が与えられるべきだと主張し始めた。また、大国に頼らない国際貢献には、国連を通じた多国間協調も不可欠であった。

　ミドルパワー外交はカナダに好都合だった。世界的にもカナダの経済力や政治力はそれほど大きくなく、隣国の超大国アメリカ合衆国の影響を避けられないと自覚しつつも、アメリカ合衆国に追従するだけの存在ではありたくなかった。また、冷戦時、カナダは地理的にソビエト連邦とアメリカ合衆国に挟まれており、広大なカナダの領土をカナダの軍事力のみで守るには不安が残った。しかし、カナダの防衛を最大の同盟国であるアメリカ合衆国に任せきりでは独立国としての立場が守れない。アメリカ合衆国と協調しつつもカナダの独立性を保つには、他国や国連と協働しながらミドルパワーの力を発揮し、国際舞台での存在感をアピールする必要があった。そして、ミドルパワー外交によって国際平和を維持することは、結果的にカナダの安全保障にもつながると考えられた。

2　スエズ危機とカナダの反応

　1956 年 7 月 26 日、エジプトの大統領ガマール・アブドゥル＝ナセルが、スエズ運河の国有化を宣言したことからスエズ危機が勃発した。

　スエズ運河は、フランスとエジプトの資金援助をうけて、スエズ運河会社によって造られ、1869 年に開通した。スエズ運河は、地中海と紅海（スエズ湾）をつないでおり、「インドへの高速道路」と称されるように、スエズ運河を通ることにより、アフリカ大陸を回らずにヨーロッパ・アジア間を船

舶で行き来できる。運河の完成後、エジプトは財政危機に陥り、イギリスが
エジプト保有のスエズ運河株を買い取り、その後、エジプトを保護国とし
た。1922年にエジプトはイギリスから独立したが、イギリスはスエズ運河
に軍隊を残した。第二次世界大戦後、エジプトはイギリス軍のスエズ運河
からの撤退を要求したが、イギリスが聞き入れなかったため、エジプトに
おいて反英感情が高まった。そのような状況のなか、1956年6月にエジプ
ト大統領となったナセルは、エジプトの産業化をめざし、ナイル河上流に
アスワンダム建設を計画した。しかし、ナセル大統領の親ソビエト連邦的
態度を理由に、アメリカ合衆国・イギリス・世界銀行がアスワンダム建設
への資金援助を取り下げた。それからまもなく、ナセル大統領はスエズ運
河の国有化を宣言した。

スエズ運河を共同管理していたイギリスとフランスは当然反発した。ス
エズ運河の航行を守るため、イギリスとフランス、そしてエジプトと反目
しあっていたイスラエルは、エジプトに対しスエズ運河をイギリスとフラ
ンスの軍事支配下におくと警告した。国連が当事国に説得や交渉を行って
いたにもかかわらず、10月29日、イスラエルはエジプトのシナイ半島に攻
撃を開始した。翌日、イギリスとフランスは、エジプトとイスラエルに停戦
と軍の撤退を求め、聞き入れられない場合は軍事介入する旨を通告した。
ナセル大統領はこれを拒否し、10月31日、イギリスとフランスはエジプト
に対し軍事攻撃を開始した。

アメリカ合衆国とカナダはどちらも、北大西洋条約機構（NATO）の同盟
国であるイギリスとフランスから武力行使に関する相談や通告を事前に受
けておらず、イギリス・フランス・イスラエルによる武力行使に批判的で
あった。アメリカ合衆国とカナダは、英連邦や西側諸国がスエズ危機への
意見の相違から分裂するようなことになれば、ソビエト連邦はそれを好機
とみなすだろうと考え、スエズ危機を最小限におさめることを望んだ。イ
ギリスは、アメリカ合衆国とカナダのこのような態度を裏切りと感じた。

アメリカ合衆国は、11月2日、国連安全保障理事会に即時停戦を当事国
に求めるよう提案した。64か国が賛成、イギリス・フランス・イスラエル

およびオーストラリアとニュージランドの5か国が反対、6か国が棄権し、アメリカ案は可決された。カナダは、国連による平和への措置がなければ停戦は一時的なものとなってしまうとの理由で棄権した。ピアソン外相は、イギリス・フランス・イスラエルが撤退しやすい状態を整え、国連が停戦を監視すれば長期的な平和を維持できると考え、「国際的な平和警察軍」となる国連軍を提唱し、カナダの参加も表明した。

　11月4日、当事国の合意のもと、国連軍であるUNEFを設置するというカナダ案が、賛成57、反対0、棄権19で可決された。ピアソンとダグ・ハマーショルド国連事務総長の地道な根回し、真面目で紳士的であると尊敬されていたピアソンの人柄、そしてカナダがミドルパワーであることがカナダ案の可決に一役買った。当事国であるイギリス・フランス・イスラエル、エジプトは棄権したが、結果として、国際世論にたたかれていたイギリス・フランス・イスラエルは、カナダ案のおかげで敗北という恥をかくことなく、エジプトから撤退できることになった。UNEFには、当事国および国連常任理事国（イギリス・フランス・アメリカ合衆国・中華人民共和国・ソビエト連邦）は含まれず、参加10か国はカナダのほか、北欧諸国などすべてミドルパワーであった。UNEF参加国が続々とエジプトで活動を開始するなか、カナダの参加に問題が起きた。エジプトがカナダの参加に反対したのだ。

　エジプトは、イギリスがかかわる紛争の停戦監視に、イギリスと同じくエリザベス女王を最高司令官とするカナダ軍がかかわることに矛盾を感じた。また、カナダは歴史的にイギリス・フランスと深い関係にあり、ともにNATO加盟国であることから、カナダが信頼に値するのか疑問視した。さらに、カナダはクイーンズ・オウン・ライフルズ（Queen's Own Rifles of Canada）という名の部隊を派遣する予定であったが、名称がイギリスの部隊と似ており、軍服もイギリス軍と似通っていた。そして、当時のカナダ国旗には、イギリス国旗の「ユニオン・ジャック」が左上に配されていた（現在の「メープルリーフ（赤白縞の中央に赤いカエデの葉）」が国旗になったのは1965年のことである）。これらの理由から、エジプト人にとって、カナ

ダ兵とイギリス兵の区別をつけ難く、混乱を招く恐れがあった。

　エジプトに拒否され、UNEFの立役者であったピアソンは落胆した。結局カナダはクイーンズ・オウン・ライフルズの派遣をあきらめ、輸送部隊とUNEF本部の管理を担当する部隊を派遣した。UNEFの最初の1年で、カナダはUNEFの6分の1を占める1000人もの兵力を派遣した。当時のカナダの兵力が5万人弱であったことを考慮すると大きな貢献である。1956年12月のイギリス・フランスの撤退、そして翌年3月のイスラエルの撤退後もUNEFはエジプト・イスラエル国境沿いで休戦を監視し続けた。スエズ危機から10年後の1967年、アラブ諸国対イスラエルの緊張が再び高まると、エジプト政府はUNEFに撤退を要求し、UNEFは終了した。UNEFの目的通り、活動期間である10年間は平和を維持することができたが、残念ながら複雑な中東問題を根本的に解決し、平和をもたらすことはできなかった。

　スエズ危機におけるカナダ外交に対し、カナダ国民、とりわけイギリス系保守層の間には、カナダの母国イギリスへの裏切りだという批判の声も上がった。これに対し、ピアソンは、カナダは大国の使い走りではない、イギリス・フランスに従っていたらUNEFは実現しなかっただろうと反論している。[2] ピアソンの反論のかいなく、1957年6月に行われた総選挙において、野党であった保守党は、自由党の反イギリス的な外交政策を批判し、自由党敗北の一因となった。短期的にはカナダ国民の反応は賛否両論だったが、長期的にみると、スエズ危機での外交政策はカナダ国民に好意的に受け入れられ、カナダ外交は黄金期を迎えた。とくに、1957年12月にピアソンがスエズ危機での貢献によりノーベル平和賞を受賞すると、カナダ国民はカナダの調停者としての活躍を誇りに思うようになった。

　スエズ危機に際してカナダ外交で特徴的なのは、イギリス系とフランス系両方のカナダ国民が、国連PKOはカナダの誇る外交政策であると評価したことだ。過去には、たとえば第一次世界大戦では、母国イギリスのために徴兵制度もやむを得ないとするイギリス系カナダ人と非協力的なフランス系カナダ人の間に大論争が巻き起こった。しかし、スエズ危機では違った。カナダ国民は、カナダが大国と一線を画し、同盟国であるイギリス・フ

ランスの対エジプト攻撃に参戦することもなく、またアメリカ合衆国の即時停戦を求める決議案にも無言で従うのではなく、不足点を補う行動をとったことを誇りに思った。大国ではないカナダは、ミドルパワーとして大国間の利害衝突のなかで特別な調停的役割を果たすことができ、またすべきであるというカナダの外交的姿勢は、スエズ危機以来定着していった。とりわけ、国連PKOはカナダが世界で果たすべき役割と国民に認識され、イギリス系カナダ人だけでなく、フランス系カナダ人もコンゴ共和国（現在のコンゴ民主共和国）やハイチなどのフランス語圏での国連PKOで活躍した。そして、カナダは長年国連PKOの貢献国の上位国であり続け、「良き調停者」や「熱心なピースキーパー」というイメージを国際的に得ることができた。

3　冷戦後の国連PKOとカナダ

　冷戦が終わると1990年代の国連PKOはより複雑となり、参加国のかかわり方も変化した。停戦がある状態で活動していた国連PKOと異なり、冷戦終結後の旧ユーゴスラビアやソマリア、ルワンダでの国連PKOは、武力介入が必要とされる状況であり、平和維持というよりも平和執行というほうがふさわしかった。ここではソマリアを例に、カナダが直面した問題をみてみたい。

　ソマリア共和国は、インド洋に面した東アフリカの「アフリカの角」に位置し、エチオピアとケニアとに国境を接する。冷戦中は、エチオピアを後押しするソビエト連邦に対抗して、アメリカ合衆国がソマリアを支援していた。しかし、冷戦終了とともにソビエト連邦とアメリカ合衆国はそれぞれ手を引いた。それを機に、1991年にソマリアで政権が崩壊し、各地で内戦が勃発した。

　1992年3月に国連が調停し、紛争当事者の間で停戦協定が結ばれた。4月、国連ソマリア活動（UNOSOM）が設立され、人道支援物資の提供と停戦

監視を開始した。しかしミッションの開始からまもなく、武力勢力の激しい抵抗により、その活動に支障が生じるようになった。12月、国連安全保障理事会は多国籍軍（以下、UNITAF）を設立し、任務遂行に必要な場合の武力行使を認めた。国連安全保障理事会が人道的目的のために武力介入を認めたのは国連史上初めてのことであった。アメリカ合衆国がUNITAFの軍事行動の指揮をとり、3万7000人の軍事要員の8割をアメリカ軍が占めた。

　カナダは、UNITAFの参加を素早く表明し、カナダ軍のなかでもエリートとされるエアボーン連隊（Canadian Airborne Regiment）から1410人を派遣することにした。彼らは、UNITAFとそれに続く第二次国連ソマリア活動（UNOSOM II）に参加し、人道的支援のほか、地元警察や政府機関の組織編成や武装グループ間の停戦調停を行った。しかし、ある事件をきっかけに、カナダのソマリア・ミッションは、カナダの輝かしい国連PKOの歴史に汚点を残してしまった。

　1993年3月4日、カナダ兵が、基地で物資を盗もうとしていたソマリア人2名を背後から撃った。2人のうち1人は必要以上に撃たれたのち死亡した。そのわずか2週間後の16日、カナダ兵が基地に忍び込んでいるソマリア人を捕らえ、数名で暴行を加え、死に至らしめた。死亡したソマリア人はまだ10代で、激しい暴行を受けただけでなく、その様子の写真まで撮られていた。これら2件にかかわったカナダ兵は、殺人罪に問われた初めてのカナダ人ピースキーパーとなった。しかも、のちの調査によりカナダ軍内に人種差別的偏見や行為が存在していたことも明らかになった。

　カナダ国民は、カナダ軍に対し、怒りや失望を抱いた。カナダ政府は、「カナダの恥」と呼ばれたこの事件に対処するため、調査委員会を立ち上げ、カナダ軍幹部の責任を追及し、エアボーン連隊も解体した。しかし、カナダ国民の信頼を取り戻すことは難しかった。そして、カナダが長年の貢献を通じて築き上げた「良き調停者」、「熱心なピースキーパー」という国際的イメージも傷ついてしまった。

　ソマリア暴行事件以外にも、1990年代にカナダが参加した国連PKOは、さまざまな困難に直面した。ソマリア内戦とほぼ同時期、旧ユーゴスラビ

アで民族紛争が勃発し、国連が介入し、カナダも参加した。しかし、難民保
護、人道的支援といった従来の国連PKOの活動内容では紛争を解決でき
ず、またピースキーパーたちが任務中に襲われることもあったため、空爆
を含む武力行使に積極的だったNATOが国連から引き継ぐこととなった。
また、1994年、ルワンダの多数派フツ族と少数派ツチ族の間に起こった民
族大虐殺では、国連PKOである国連ルワンダ支援団（以下、UNAMIR）は
未然に虐殺を防げなかっただけでなく、積極的な介入も国連に認められ
ず、虐殺を止めることもできなかった。3か月で50万人から100万人のルワ
ンダ人が虐殺されたが、UNAMIRに派遣されていたベルギー兵10名も犠
牲になった。また、虐殺が起こった時に司令官を務めていたカナダ人ロメ
オ・ダレールを含めピースキーパーの多くが、任務終了後もストレス障害
に悩んだ。結局、国連が武力介入を認め、フランスを中心とする多国籍軍が
派遣された。

　ソマリアや旧ユーゴスラビア、ルワンダの失敗から、カナダ軍内の人種
差別的偏見や行為、武力行使の是非、ピースキーパーの安全性、国連PKO
の限界など多くの課題が浮き彫りになった。そして、カナダは新しい時代
の国連PKOにうまく適応できないのではないか、国連PKOの参加をやめ
るべきではないか、としてPKO政策が見直されるようになった。そのほ
か、1990年代前半にカナダが財政赤字に直面し、国防費が削減されたこと
もPKO政策の見直しの理由となった。それに加え、1990年代の武力行使
を伴う大規模な国連PKOは、兵士の訓練費や軍備の整備など、コストが高
くなる一方だった。こうして、1990年代を境にカナダの国連PKOへの貢
献は縮小した。

4　これからのカナダの国連PKO

　1990年代よりカナダの国連PKO貢献度は下降し始めたが、2006年から
2015年まで政権を担当したスティーブン・ハーパー保守党政権におけるカ

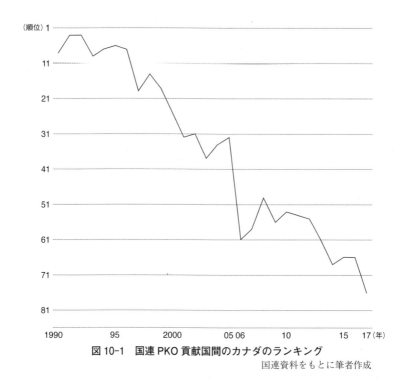

（順位）

1990　　　95　　　2000　　　05 06　　　10　　　　15　　17（年）

図 10-1　国連 PKO 貢献国間のカナダのランキング

国連資料をもとに筆者作成

ナダの国連PKO縮小は著しかった。派遣している人員数が多い国を上位にランクする国連PKO貢献度ランキングをみると、2005年には32位だったのが、2006年には61位に下がった（**図10-1**）。ハーパー首相は国連PKOに否定的で、国連PKOへの貢献のみならず、訓練や研究への支援も縮小された。たとえば、ピアソン・ピースキーピング・センターはカナダ国内外から軍・警察・文民のピースキーパーを受け入れ、訓練や研究を行っていたが、連邦政府からの補助金が打ち切られ、2013年に閉鎖された。

　しかし、近年、変化の兆しもみられるようになった。ハーパー首相率いる保守党を選挙で破り、2015年11月に政権についた自由党ジャスティン・トルドー首相は、人道支援や国連を通じた多国間協調を重視するカナダの伝統的外交政策への回帰を"Canada is back！"という言葉とともに大衆に訴

えた。その一環として、国連PKOもプライオリティとした。就任1年目に
トルドー首相は、600人の軍事要員と150人の警察要員を国連PKOに派遣
すると発表した。また、ジェンダーの平等を重視するトルドー政権は、
2020年までに軍の15％、警察要員の20％を女性とする国連のターゲットを
受けて、女性ピースキーパーの増員計画も発表している。ピースキーパー
による性的犯罪が問題となっているが、女性ピースキーパーを増やすこと
により、性的犯罪を防ぎ、派遣国の住民との関係向上にもつながると望ま
れている。

　ところが、国連PKO復活を約束してから2年強、具体的な派遣先や時期
は未定のまま、トルドー首相の意気込みとは裏腹にカナダの国連PKO貢献
度ランキングは下がり続けた（**図10-1**）。たとえば、2017年12月には、ハイ
チ、コンゴ、南スーダンなどに43人（警察要員20人、軍事要員14人、スタッフ
9人）を派遣していたが、国連PKO貢献国のなかでカナダは76位であった。[3]
これは、カナダの国連PKOの歴史のなかで最低レベルの貢献度であった。

　トルドー首相のPKO政策が口約束にすぎないのかと懸念されるなか、
2018年3月、1990年代以降初の大型ミッションとなるマリの国連PKOへ
の参加が発表された。2012年から情勢が悪化しているマリは、現在最も危
険な国連PKOといわれており、国連が関与し始めた2013年からカナダが
派遣を決めた時点までに、すでに173人のピースキーパーが犠牲となって
いた。しかも、カナダ軍は、1990年代から続いた国防費削減や国連PKO参
加の縮小によって、国連PKOのための訓練、教育、経験が不足している。
このようなカナダ軍の現状をふまえると、マリのような危険な状況下での
国連PKOの取り組み方にいまだ確固たる答えがでておらず、トルドー首
相の提案する国連PKOへの復活には時期尚早であり、準備が整うまで慎
重になるべきだとの意見もあった。そのようななか、約1年の間にヘリコ
プター計8機、200人以上のカナダ兵を派遣するとの予定で、2018年8月1
日に国連マリ多面的統合安定化ミッション（MINUSMA）における任務が
開始された。[4]2019年8月31日の任期終了までに、犠牲者を出すことなく、
11もの医療ミッション、100を超える運送ミッションを行った。[5]

　国連PKO創出の父であったカナダであるが、国連、平和主義、多国間協調を重視するというカナダ外交を復活させ、国連PKOに再び活躍の場を見出していくのか、今後の動向にさらに注目したいところである。

注

1) Canada, House of Commons Debates 19th Parliament 4th Session, 1 July 1943, p. 4226.
2) English (1992: 142) および National Archives Canada, L. B. Pearson Papers, MG26 N1 Vol.39, "The Middle East Crisis" Telecast by Hon. L.B. Pearson, CBC "The Nation's Business" December 3, 1956.
3) United Nations Peacekeeping
https://peacekeeping.un.org/sites/default/files/summary_of_troop_contributing_countries_by_ranking.pdf（最終閲覧日：2019 年 10 月 13 日）
http://peacekeeping.un.org/sites/default/files/summary_of_contributions_to_peacekeeping_by_mission_country_and_post.pdf（最終閲覧日：2019 年 10 月 13 日）
4) Government of Canada
https://www.canada.ca/en/department-national-defence/services/operations/military-operations/current-operations/op-presence.html（最終閲覧日：2019 年 10 月 13 日）
5) Government of Canada
https://www.international.gc.ca/country-pays/mali/relations.aspx?lang=eng（最終閲覧日：2019 年 10 月 13 日）

引用文献

English, J. (1992) *The Worldly Years-The Life of Lester Pearson Vol. 2: 1949-1972.* Alfred A. Knopf Canada.
国際連合平和維持活動局・フィールド支援局（2008）『国連平和維持活動──原則と指針』国際連合
http://www.unic.or.jp/files/pko_100126.pdf

第11章

カナダの政治と社会
日本との比較

水戸考道

はじめに

　この章では、カナダの政治と社会を取り上げ、その特徴を抽出する。その目的は3つである。第1の目的は、カナダの政治と社会を支える理念や政治思想を明らかにすることである。第2に、それによって発展してきた政治制度とその特徴を考察したい。また民主国家において政治や社会は、市民の関心や国民の世論、あるいは政府や政治家への働きかけ・投票行動などによって大きな影響を受ける。民主的であればあるほど、政治的指導者は世論や投票者の声に耳を傾け、政策を策定・実行する。そこで第3の目的は、政治制度からアウトプットとして提示される政策に注目することによって、その社会の特徴を考察することである。

　方法論的には上記の3つの目的を達成するために、Ideas（理念）、Institutions（制度）そしてInterests（関心）という3つのIに焦点を当てながら、カナダの政治や社会の特徴を、おもに日本と比較しながら明らかにする。

　本論に入る前に、まず政治とは何かを明確にさせる必要がある。具体的に考えると、ロビンソン・クルーソーが孤島に漂流し定住した際には政治は存在しない。なぜならばそこには限られた食糧や資源しかなかったとしても、ほかに人間がいないため紛争は起こり得ないからである。つまり、政

治は2人以上の人間が存在し、時間や財源やきれいな空気や水そして土地など資源や物質に限りがあり、それを誰が誰のために、いつ、いかに割り当てるかという規則を決めたり、それを実行したりする際に発生する。

　さまざまなルールを決定、実行し、またその実行を監視する仕組みがいわゆる政治制度である。絶対君主国家や独裁制ではこれらすべての権限は1人の人間が牛耳っているかもしれない。しかし多くの民主国家においては、立法や司法そして行政という3つの機能を、議会や裁判所そして大統領制あるいは内閣制とそれを支える官僚機構という分立した組織が担っている。

　また民主国家において「人民の人民による人民のための政治」という民主主義の鉄則を、アメリカ合衆国のエイブラハム・リンカーン大統領が有名なゲティスバーグ演説で簡潔に定義しているように、政治制度とは究極的には国民の代表や国民による国民のための社会運営制度である。ある国において政治制度を支えているのはその国民であるとともに、その決定や公共政策・行政そして裁判の影響や恩恵をまともに受けるのも、また国民とその社会である。

　カナダでは、世界第2位という広大な国土にわずか3700万人強しか住んでいない。人口からみると世界37番目前後の規模である。日本に比べて食糧、石油、天然ガスや木材あるいは水力発電など資源も豊富である。とすると、資源が少なく国土が狭く人口の多い日本ほど、カナダでは政治的問題はないようにみえるかもしれない。しかしカナダには、石油やガスなど資源の生産者とともにその消費者が共存している。このため逆に大きな対立が起こることがある。消費者からみると石油など資源は安ければ安いほど良いが、生産者からみると高く売れれば高いほど良い。カナダではそのような消費者がオンタリオ州やケベック州に集中しており、逆にその生産はアルバータ州などに集中している。その結果、資源の配分、つまりその恩恵をいかに分かち合うかという問題などは、時には地域間の紛争としてエスカレートし、政治はその調停をするために大きな役割を果たさなければならない。同時にその間に立たされる指導者は、強いリーダーシップと英知にもとづく大きな決断を迫られる。

　さらにはベーリング海峡を渡って数万年もの間、北米に定住していると
いわれる先住民の社会に、大航海の時代以降、ヨーロッパ人、とくにフラン
ス人やイギリス人による入植が行われ、イギリスとフランス両国の植民地
としてカナダは発展してきた。英仏戦争でフランスが敗北すると、フラン
ス領はイギリス領となり、その後次第に、近代国家として成立した。

　フランスやイギリスを中心とするいわゆる白人によって植民化され発展
してきたカナダでは、第二次世界大戦前後まで有色人種への偏見や排斥主
義などがみられた。このような状況下で、日本による真珠湾奇襲が起こっ
たため、カナダ政府は日本人や日系カナダ人の財産を没収し、市民権を奪
い、強制収容所に収容した（**第9章**参照）。カナダ社会では、戦後も日系人を
含め非ヨーロッパ系の少数民族いわゆるヴィジブル・マイノリティが、差
別を受けることもしばしばあった。

　しかし、カナダでは1960年代後半に移民政策が変更された。その結果、
アジアなどヨーロッパ以外の地域からのカナダへの移住が歓迎されるよう
になり、多民族化が進行している（**第3章**参照）。その結果、現代のカナダ社
会では人種間で宗教、習慣、文化あるいは価値観の違いが大きく、これが対
立に発展する可能性も大きい。だが、アジアや中近東・アフリカあるいはカ
リブ海地域などからの移民の増加とともに逆にこれを容認し、民族や文化
の違いを互いに尊重し、乗り越え共存を図るという多文化主義が、急速に
発展・定着しつつある。

　この多文化・多民族化の背景にあるのは、日本同様、少子高齢化である。
この問題に直面し、いかに今後の社会や経済の発展を支えるかという大問
題の解決策として、カナダでは毎年25万人ほどの移民を受け入れている。
人口規模がそれほど大きくないカナダでこれほど多くの移民を受け入れる
と、10年強で新移民とその子孫がカナダの人口の1割前後を占めることに
なる。カナダ以上に深刻な同じ問題を抱えている日本では、多くの国民が
移民の受け入れに抵抗を感じ、いまだに移民制度は確立されていない。
2019年の春に、外国人労働者をさらに受け入れる目的で政策を転換したもの
の、日本の対応はカナダとはかなり相違する。このように対照的な政策を打

ち出しているカナダから日本の今後の指針を学ぶことは大きな意義がある。

　以上3つの目的を達成するために、本章では次のような分析をする。ま
ず、カナダの政治理念や思想、そしてそれらと政治制度の特徴を、日本など
と比較しながら考察する。それと同時に、カナダ市民の政治的関心や社会
の特質と、それらのさまざまな政治的決定や政策との関連を分析する。最
後に、考察によって明らかになったことを簡潔にまとめ、今後の日本の指
針を得る際のカナダ研究の意義を再考し、結論とする。

1　カナダの政治理念・思想と民主制

　政治は紛争や対立を解決する手段である。国家的レベルでこの機能を果
たすのが政治制度であり、その発展と運用に大きな影響を与えるのはそれ
ぞれの社会や市民に浸透しているさまざまな根本的価値観や政治理念・思
想である。政治学では、これらを総称して政治文化と呼んでいる。このよ
うな視野からカナダの政治文化を日本のそれと比較してみると、異質にみ
える両国には多くの共通点がある。

　まずは、良心・思想・表現・宗教・結社などの自由、男女平等や基本的人
権の尊重をはじめ、多数決主義や間接民主制など民主主義のさまざまな制
度を支える一連の政治的理念・思想が共通である。また両国は私的所有と
財産権を受け入れ、富の分配の方法として課税による再分配とともに、お
もに市場の機能を尊重する自由主義と資本主義経済を採用している。ただ
日加のみならず欧米の自由主義にもとづく民主主義体制の国において、こ
れらの理念は共有されているといえる。

　さらにカナダと日本はイギリス同様、法の下の平等を徹底する一方、一
般国民とは違う君主という存在も受け入れている。すなわち人間の平等を
不可侵の政治理念としているものの、君主制を採用している。共和制であ
るアメリカ合衆国やフランスでは大統領が国民の選挙によって選出されて
いるが、日加両国では世襲制の天皇や国王が君臨している。したがって君

主への尊敬心なども日加両国に共通した政治理念である。イギリスと同様、「王は君臨すれども統治せず」といわれるように君主や天皇が君臨する一方、実際には主権在民や法の下での平等という政治思想を受け入れている。両国の政治理念には多くの共通点がある（水戸 2006）。

2　カナダにおける多文化・多民族的基盤と連邦制

　政治思想や理念に関して、カナダと日本は大きな違いもいくつかある。一例を挙げると、狭い国土に比較的同質の文化と民族そして宗教を有し、また日本語という1つの言語を使用する単一民族が大多数である日本では、機会均等が平等という政治的理念を実現するための鍵だと思われている。これに対して、先住民に加えてイギリス系とフランス系のヨーロッパ人を中心に異なる文化や宗教あるいは習慣を基礎に発展してきたカナダでは、英語とフランス語をともに公用語として採用するなど多様である。均一主義ではなく、多様性とその尊重の徹底が平等を確保するための大前提となっている。さらに、フランス語話者はケベック州に、英語話者は他の地域に集中していることもあり、カナダの政治文化は地域による相違も大きい。たとえば資源豊かなアルバータ州では、保守主義が歴史的に圧倒的な基盤を維持し、フランス語話者が多数を占めるケベック州では、イギリス系カナダから独立したいというフランス系州民のナショナリズムが勢いを増すこともしばしばである。これに対し、オンタリオや他の州民の間などでは、保守的な思想と自由主義的な思想、そして福祉社会主義的な思想が入り乱れている。その結果、カナダでは多様性の受容を大前提としなければ平等は現実とはなり得ない。

　このような政治理念や価値観を反映し、日本においては中央集権的政治体制が構築されている。日本の地方自治体は3割自治といわれるように、財源の多くを中央官庁からの地方交付税によって賄い、また機能的にも中央政府の出先機関となっている。その理由は、地方自治体の財源の規模や

人口の大小とは関係なく、地方自治体を通して全国的に同じような公的
サービスを提供しようとしているためである。

　これに対してカナダでは、さまざまな文化を持つ地域の伝統や文化ある
いは自律性をできる限り尊重できるように、法体系上中央政府と州政府の
それぞれの役割分担を成文化し、管轄を分離している（**第8章**参照）。この
ような政治思想を具体化し、それぞれの地域の多様な住民にきめ細かな行
政を提供する目的で採用されているのが連邦制である。前述したように、
ケベック州ではフランス語が多くの住民の母語そして公用語として優勢で
あり、他の州ではおもに英語が公用語として浸透している。それだけでは
なく、ケベック州ではフランス植民地時代の遺産である成文化された法律
にもとづくフランス型の大陸法系が継承されている。それ以外の州では、
判例を重視するイギリスの伝統を引き継ぐ英米法系が採用されている。

　カナダの連邦制において通貨・度量・国防や外交は、中央政府である連
邦政府の仕事ではあるが、教育や医療・社会福祉などの提供は、地方すなわ
ち州政府の管轄となっている。このため連邦政府には、日本の文部科学省
（以下、文科省）に相当する官僚機構はない。教育は連邦ではなく、州政府の
管轄であるからである。それと同時に、地下に埋もれた石油などの資源や
その開発も州政府の管轄下であり、連邦政府はその開発に関して許可権は
ない。ただ、州を越えた資源の移動に必要なパイプラインや道路などの建
設は、連邦政府の管轄下にある。

　日本の中央集権体制とカナダの連邦制の違いで身近な例は、教育であろ
う。中央集権制の日本では、文科省が全国のすべての公立学校の教育カリ
キュラムを統一作成し、指導している。そこで使われる教科書も、文科省に
よる検定済みの教科書のみの使用が許されるため、それ以外の書籍の教科
書としての使用は禁じられている。

　それに対して、連邦制のカナダでは州が教育を所管しているため、各州
ごとに異なる教育制度を立ち上げている。義務教育の期間や内容、使用言
語やカリキュラムや教科書などの決定は州単位で行っており、統一されて
いるわけではない。たとえば、義務教育は日本同様15歳までの州がほとん

どであるが、マニトバ・オンタリオ・ニューブランズウィックの3州は高校を卒業するか18歳になるまでが義務教育と規定されている。他の州と比べて3年も長い。さらには、18歳に達してからも必要と認められる場合には、21歳になるまで高校通学を許可している州もある。

　教授言語に関しても、ケベック州ではフランス語話者の家庭の子弟は、原則としてフランス語の学校へ通学しなければならない。英語の学校で学ぶことが認められるのは一定の条件を満たした場合に限られる。それに対してオンタリオ州では、両親がフランス語話者ではなくとも、子どもたちをフランス語で教育したい場合には、フランス語で教育を行うイマージョン・プログラムを選択することができる。これは州間で権利の章典にある教育を受ける権利や自由の解釈に隔たりがあるからである。

　多くの州立大学への入学も、12年間の教育を受け高校卒業証書があれば受験資格がある。しかし、ケベック州では5年制の中等学校を終えた後、セジェップ（CEGEP）と呼ばれるカレッジでの2年間の教育を受けてから大学に入学する。

　また、連邦政府に厚生省はあるが、医療サービスの提供は州政府の仕事である。このような理由から、日本とは違い全国的な国民健康保険制度はない。各州政府がそれぞれ健康保険制度を設立し運営しているが、サービスに相違があるかというとそうではない。ある州の州民が他の州でたまたま医療サービスを受けたとしても、同様のサービスを受けることができる。また日本と違って、薬は各患者の負担であるが、入院した場合の医療費は無料である。医療に関していえば、どの州でも安心して暮らすことができる社会であるといえよう。

3　カナダとアメリカ合衆国の政治理念と政治制度の共通点と違い

　ところで、北米にはアメリカ合衆国とカナダという2つの国家がある。両国間では、自由主義や民主主義、基本的人権をはじめ連邦制など共通す

る政治理念も多く、外部からはその違いがわかりにくいかもしれない。しかし後述するように、政治理念上は両国の間に大きな相違もある。これは下記のような歴史的背景に由来する。すなわち1775年から1783年まで、イギリスの13の植民地の人々が本国に対する造反・独立する革命を南で起こした際、現代のいわゆるカナダ地域に入植していた人たちは、独立戦争に参加するよう勧誘されたにもかかわらず、イギリスとの戦争や本国からの独立を望まなかった。そのため南の独立革命には参加しなかった。

と同時に、同様の考えを持って北米のイギリス領植民地にいた多くの人たちは、革命に際して今日のいわゆるカナダへ逃れた。彼らはロイヤリスト（王党派）と呼ばれ、すでにカナダに住んでいたイギリス系の王権擁護者に合流し、王制の維持を支持した。これを契機に彼らは一体となって、本国にあるような君主制を基盤とする政治制度を「革命」ではなく「進化」により発展させ、寛容性の高い社会を徐々に築き上げた。

また現代のケベック州は、英仏戦争後イギリスの勝利によりイギリス領となるが、1774年にイギリス議会がケベック法を制定した。この法律は、この地域で暮らしていたフランス系植民者にそれまでのカトリック信仰を含めた彼らの生活の基盤や慣習を保証した。また民事裁判ではフランス民法の適応が許され、従来の生活を維持するために必要な自由を確保することができた。このため南の13植民地からの誘いには応じなかった。

ケベックも含めカナダは、「革命」ではなく「進化」によって徐々に政治的発展を遂げ、本国のイギリス同様、イデオロギー的に寛容な国となっていった。他方、その後独立したアメリカ合衆国は、自由主義「独立革命」と戦争によって生まれ、その理念に反する政治的理念や思想に関して寛容度が比較的低い国となった。共産主義や社会主義は、アメリカ合衆国ではタブー視され弾圧・拒否されてきている。しかしカナダでは、本国にある社会福祉を重視する労働党に近い政党が芽生え、トミー・ダグラスを党首とする新民主党として発展することになったことからも明白である。

トミー・ダグラスは、北米で初めて社会主義の州首相として登場したのみならず、カナダ連邦の成立以来初めて、サスカチュワン州で万人共通の

健康保険・医療制度を1947年に設立した。これはその後カナダ全土に浸透し、今でもカナダの医療保険制度の父として、国民から高く評価され尊敬されている。2004年にカナダ放送協会（CBC）が行った調査では、同氏が「最も偉大なカナダ人」として第1位にランクされるほどである。

　カナダとアメリカ合衆国は民主的な政治理念や思想を共有し、また連邦制を採用するなど共通点も多い。しかし、ユニバーサル健康保険制度はアメリカ合衆国にはない。これはカナダ人の誇りであるとともに、多くのカナダ人は、アメリカ合衆国とカナダの政治や社会を区別する大きな違い、つまりアイデンティティであると考えている。

　このような政治理念の違いは、カナダとアメリカ合衆国の外交政策にも大きな影響を与えている。具体的にみてみると、保守的なイデオロギーが優勢であったアメリカ合衆国では民主党と共和党という二大政党制が出現し、これらのどちらかが長い間政権を交代で担ってきた。この二大政党の保守的イデオロギーは、時には社会主義や共産主義を敵として、マッカーシズムにみられるように「赤狩り」を強要した。またアメリカ合衆国をして冷戦時代には自由主義社会のリーダーの名のもとに、ベトナムへの長期介入（ベトナム戦争）や核戦争が勃発しかねないキューバ危機へと追いやった。これに対してイデオロギー的に寛容なカナダは、アメリカ合衆国のベトナム戦争に反対するとともに、同盟国であるアメリカ合衆国に早期撤退を呼びかけている。また社会主義政権である中華人民共和国やキューバとも早期に国交を樹立し親交を結んでいる（櫻田 2006）。

　両国とも移民により発展した国であるが、アメリカ合衆国において移民は、アメリカ人の価値観を受け入れ、溶け込んでゆく社会、すなわちメルティング・ポット（なんでも溶けこむ火鍋）と比喩される。移民はアメリカ的価値観を受け入れることにより、アメリカ社会に受け入れられるといわれる。これに対して、カナダはモザイク社会とも呼ばれる。つまり、移民はそれぞれの民族的・宗教・文化的アイデンティティを維持をしながらカナダ社会の一員として受け入れられるという意味である。多民族からなる多様な国にみえるアメリカ合衆国とカナダであるが、このような相違は両国

の大きな違いであると多くのカナダ人は考えている。

　実際にこのような違いは、両国の難民や移民の受け入れに注目するとさらに明白になる。これは世界的に広く認識されているようで、2016年のアメリカ合衆国の大統領選挙で移民や難民の受け入れに消極的なトランプ候補の勝利が確定するや否や、カナダ政府の移民希望者のためのホームページにアクセスが集中し、パンクしてしまった。

4　カナダと日本の政治理念と議院内閣制

　多くの政治的理念や思想を共有する日本とカナダは、立憲君主制・議院内閣制という政治制度でもって政治を運営している。さらに両国はアメリカ合衆国やロシアの大統領制とは違い、立憲君主制と議院内閣制を柱とする間接民主主義体制を採用している。

　日本では天皇が象徴として元首と同様に機能し、英連邦の一員であるカナダはイギリスの国王が元首である。ただ日本の天皇は皇居に住まいを構えて外国使節の応対など国事を司っているが、カナダの国王はイギリスに住んでおり不在である。そのため総督が通常、国王の代理を行っている。ただし、総督は日本の天皇やイギリス国王と違い世襲制ではなく、カナダ連邦政府の首相が任命する。任期は終身制ではなく、おおよそ5年である。

　カナダの連邦議会は、日本と同様に二院制をとっている。しかし、上院議員は戦前の日本の貴族院のように選挙によって選出されてはおらず、首相の助言にもとづき総督が任命する。定員は105名で以前は終身制であったが、現在は75歳という定年年齢がある。小選挙区の利益を反映する下院と比べ、上院の存在意義としては、全連邦的な視点から、さらには超党的な総合的な視点から国益にもとづき法案を審議することである。しかし、任命制のために民主的ではないとの批判も多く、上院の改革は長い間、カナダ政治の争点となっている。

　これに対して下院は、小選挙区制から選出された338名の議員から構成

されており、解散による総選挙がない限り任期は5年である。ただし選挙区の区割りや議員数は、国勢調査にもとづき10年ごとに見直すことになっている。また立法過程において法案は本会議、委員会での審議を通じて可決されるが、歳出や徴税に関する法案は、まずは下院で審議されなければならないことになっている。

　政治制度上、カナダの日本との大きな違いのひとつは連邦制を採用していることである。カナダ連邦は10の州と3つの準州から構成されている。前述したように、連邦政府と州政府の管轄は成文化されている。戦後の日本では、47都道府県の知事は議会とともに別途に直接選挙で選出される。これに対して、カナダの州政府の長はプレミアー（首相）と呼ばれ、議院内閣制にもとづいた州議会の選挙で多数を獲得した第1党の党首が州首相となり組閣し、政権を担当する。この点からすると、カナダの州政府の行政部は日本の国政と似ている。日本では衆議院選挙の結果、多くの場合、その第1党の党首が首相に指名され、天皇に任命された後に内閣を組織する。カナダの州における組閣も同様のプロセスを踏む。ただし州レベルでは二院制ではなく、一院制である。10州あるため州首相は10人いるが、彼らを連邦政府の首相と区別するために、英語では後者をプライム・ミニスターと呼んでいる。大統領はいないが、カナダには連邦政府のプライム・ミニスターのほかに準州を含めると13名のプレミアーがおり、ある意味で14人もの首相がいることになる。

5　進化により発展したカナダ連邦の国土と憲法

　カナダの地理的拡大をみてみると、カナダは1867年に英領北アメリカ法という名の憲法的法律によって発足した。その当時は現在の3分の1以下の小さな地域であった。ケベック、オンタリオ、ニューブランズウィックおよびノヴァスコシアという4州のみから構成されていた。そして、その3年後の1870年にマニトバ、1871年にブリティッシュコロンビア、1873年にプリ

ンスエドワードアイランドが加入した。その後、1905年にアルバータとサスカチュワンが加盟し、最後に1949年にニューファンドランドが加わった。

　カナダ連邦は1867年に誕生し、2017年に盛大に連邦結成150周年を祝った。とはいえ、今日のカナダ連邦が国土として完成したのは第二次世界大戦後である。地理的にみると、カナダ連邦の現在の版図はほんの70数年前に完成したばかりである（**第1章**参照）。

　同国の政体を規定する憲法の変遷からみると、カナダ連邦はさらに若い国となる。1867年の英領北アメリカ法制定以後、1931年のウエストミンスター憲章（新連邦法）により、カナダはようやく自治領から独立国家的地位を獲得した。これには自主外交権も含まれていた。これにより、参戦も含め、独自の外交を展開できるようになった。しかしながら、イギリスの議会の承認なしにオタワの議会の決議のみによる完全な法的自治権を獲得するのは、さらに後である。これには1982年の成文化された権利の章典（憲章）を含む新憲法（1982年憲法）の制定を待つことになる。したがって、カナダが法的に完全な独立国となるには連邦結成から115年も要したことになる。法的観点からみると、1982年憲法制定後40年も経ていない。この意味ではカナダはさらに若い国といえる。

　カナダでは、1982年憲法の一部となっている憲章に反しない限り、各州で独自の法制度や私法体系あるいは政策を展開することができる。このため各州に裁判所制度があるが、刑事は連邦政府の権限である。連邦裁判所制度があり、日本同様、最高裁判所はすべての裁判の最上級審を行う。このように連邦制であっても、カナダ憲法を頂点とする法制度は運用上、司法も調和されるようになっている。

6　カナダの政策とジェンダー平等社会

　上述したように、カナダと日本の政治思想や理念には多くの共通点とともに相違もあるため、政治制度から出てくる政策や政府の行動にも大きな

違いがある。これらはまた、両民主主義国の国民の政治的関心の違いの現れでもある。

　たとえば、カナダと日本の国民は、義務教育や国民全員のための医療保険制度が不可欠であると信じ、両国はこれらを提供している。だが前述したように、具体的な実施の仕方に関しては大きな違いがある。義務教育の期間や内容は、日本では文科省によって統一され均質化されているが、カナダではこれは州政府の権限であり、州間にかなりの差がある。医療に関しても日本は国民皆保険制度であるが、カナダは国民保険ではなく各州が独自の保険を提供している。そのため質的に日本に劣るかというと、それ以上に国民の負担の低いユニバーサル医療保険制度や質の高い教育を提供している（水戸 2010）。とくに国際ランキングで高い評価を得ている大学教育も、州政府がかなりの財政的負担をしている。また病気や怪我で入院した時には、その不幸時の医療費を公的機関が100％負担している。これは、カナダの国民がこれを当然視し、また要求しているからである。

　以下の部分では、カナダの政治制度からアウトプットとして出てくるほかのいくつかの主要政策や政府の行動を、市民の政治的関心と関連させながら考察することによって、カナダ社会の特徴を抽出したい。

　まず第1に指摘できるのは、カナダの政治において人権は、成文化されていない時代でも長らく不可侵のものとされてきたことである。1982年に憲法の人権憲章の部分で成文化されている。しかし、その後はそれに反する、現状に対してカナダの多くの市民も政府の指導者も、注意を払ってきている。日本国憲法によって法の下の平等、個人の尊厳と自由あるいは男女平等などが保証されているものの、カナダと大きな隔たりがあるのは、ジェンダー平等の徹底とダイバーシティの尊重であろう。

　まずワールド・エコノミック・フォーラムによる2018年の男女格差の国際ランキングをみてみると、10年続けてアイスランドがトップで、ノルウエー、スウェーデン、フィンランドと北欧諸国が続く。G7でのトップはフランスの12位で、ドイツが13位、イギリスは14位で、カナダは16位である。

　これに対し日本は世界110位で、G7では最下位である。そして翌2019年

にはさらに121位に下落し、153の調査対象国のなかで最下位グループに近い。憲法では両国とも男女平等や法の下の平等を明記しているが、このようなランキングの格差は、その実施において大きな相違がある証である。紙面の関係上ここでその原因を熟考することはしないが、これには日本に根強い男女の役割の伝統的な分担意識、女性による社会進出と活躍への厚い壁がある。そしてそれを支援する男性中心社会の理解と支援の不足とともに、この問題に関する市民の政治的関心がそれほど大きくなく、そのため政治的リーダーへの圧力が不足しているということがあると思われる。

　ただ、安倍晋三首相は、アベノミクス経済成長の戦略の1つとしてウーマノミクスを推進している。これは、少子高齢化で不足する労働力の不足を女性を動員することにより補おうとするものである。すなわち人道的配慮から平等社会を実現するために大切で崇高な政策というよりは、労働市場における需要と供給をマッチさせるための経済的ニーズからきたものである。なぜなら、もし前者に重きをおくならば、安倍内閣における女性大臣数が少なくとも半数はあるべきである。しかし実際は、閣僚のなかでほんの1、2名の女性大臣しか起用していない。このことからも、同首相のウーマノミクスの意図が経済的であることは明らかである。またこの問題に関して、国民からも大きな期待や痛烈な批判はほとんどない。

　近代カナダも男性中心の社会であったが、戦後は大きく変化を遂げている。たとえば、男性優勢の職業といわれてきた医師の世界でも、多くの州立大学で、女子学生が医学部の学生の過半数以上を占めるようになってきた。近代カナダでは、女子は医学部受験すら認められなかったことを考えると、これは大きな変化である。また、政府機関で働く公務員のほぼ半分は管理職も含めて女性で、有能なカナダの女性が活躍できる労働環境にあるといえる。

　こうしたなか、2015年から第29代カナダ連邦首相を務めるジャスティン・トルドーによる第1次内閣の構成は、人類史上初めて、入閣大臣の男女の割合が半々となって話題を集めた（**第3章の写真3-1**参照）。これは逆に、カナダ国民の男女平等に関する態度や関心がここまで発展した証拠である。トルドー首相はこのような組閣をすることによって、国民の多くから

支持を得ることを狙ったのである。

　これに先立ち、カナダは 2005 年にヨーロッパ以外の地域で初めて同性婚を合法化するとともに、同性婚によるカップルが子どもを養子にすることも合法化した。それ以前に、アルバータ州以外のすべての州とユーコン準州は、2003 年から 2005 年の間に同性婚を禁ずる法律が 1982 年憲法の憲章規定に反するとの理由で、すでに合法化していた。国際的には、カナダはオランダ・ベルギー・スペインに次いで 4 番目に同性婚を合法化した。

　日本においては、一部の地方自治体が結婚と同等の地位を認めるようになってきてはいるが、国としてはいまだに合法化されていない。またある政府機関では、身体の性と心の性が異なる者が利用できるトイレを制限していた。これを職員に訴えられ、2019 年 12 月に東京地裁は処遇改善と損害賠償を国に命じた。これは、日本においては政府を含め、ジェンダーに関する人道的配慮が欠如していることの表れであるといえる。

7　カナダの政策と多様性重視社会

　トルドー首相が組閣した第 1 次内閣の構成をみてみると、男女平等とともにカナダがいかに多元的、多文化社会であるかが判明する。ハージット・サジアン防衛大臣はインドから移民したシク教徒であり、スコット・ブリソン予算庁大臣は性的少数者（以下、LGBT）であることを公表した男性である。有能であれば出身やセクシュアル・オリエンテーションは問題ないのである。今まで日本政治において帰化した者が大臣となったり、オープンな LGBT の逸材が抜擢されたりしたことはない。さらにはカーラ・クアトロ・スポーツ大臣は元パラリンピック・カナダ代表で、車椅子を使用する身体障がい者である。このほか、ジョディー・ウイルソン＝レイボールドは先住民の血をひく初めての大臣として法務大臣に起用された。このような任命は日本の国民からみると驚きであるかもしれないが（車椅子を使用する大臣は日本でもすでに輩出されている）、カナダの市民の多くはこのよ

うな組閣を大歓迎するとともに、高く誇りに感じたようで、トルドー首相就任直後の支持率は56％に達した。なお、カナダでは性的少数者は総称してLGBTQとされ、今後もさまざまなタイプが追加されていく可能性がある。

　日本の国会では、女性が天皇として君臨できるように法改正をすべきであると考えている議員は少数派で、このような法改正は成立しそうもない。しかしカナダでは、日本の天皇にあたる政治制度で最も高い地位にある総督でさえも、最近は女性が多い。それどころか日本では到底考えられないさまざまな背景を持つ人々が任命されている。

　2017年以後、カナダ初の女性宇宙飛行士となったジュリー・パイエットが総督を務めている。1999年から同職を務めたエイドリアン・クラークソンは、名前からすると欧米人かと勘違いするかもしれない。しかし実際には、トロント大学のクラークソン教授と結婚し同姓名となったが（すでに離婚しているが、元の夫の姓を維持している）、元々は香港から小学校時代にカナダに移民した女性である。その後継者であるミカエル・ジャンは、小学校時代にハイチから難民としてカナダに移住した黒人女性である。

　これまでの日本では移民や難民が大臣に抜擢されたこともないし、そのような人事でさえ想像できないのではないだろうか。このような総督の任命からみると、カナダでは移民であれ、難民であれ、有色人種であれ、カナダ市民としてさまざまな分野において活躍できる機会があることを実証している。

　多文化と多様性を重視するカナダにおいては、ほかにも多くの領域で日本とは違う政策が多く展開されている。たとえば、トルドー首相は2015年の総選挙中、公約の1つとしてシリア難民2万5000人の受け入れを約束した。他の欧米の国々が難民の受け入れに消極的ななか、異色な政策である。これは、テロリストも受け入れることになりかねないと国内では多くの反対意見もあったが、人道的配慮から打ち出したもので、総選挙では大々的勝利を収めた。今の日本では、政治的リーダーが国会の総選挙でそのような公約を出すことは考えられない。

　この選挙に際しての公約にはこのほか、大麻の合法化など旧ヒッピー世代や若者からの得票が期待できるような政策も含んでいた。トルドー首相

は総選挙に勝利し、就任後に最初のシリア難民が到着した際には空港まで出迎えに行った。そして飛行機から降りてきた難民たちにオーバーコートをプレゼントして、「暖かく」大歓迎をした。

　このような難民の受け入れ姿勢をみてみると、2018年の統計では1万493人の申請に対してわずか42名しか受け入れていない日本に比べ、カナダの政策は全然次元の違うものである。国連難民高等弁務官事務所によると、先進国G7のなかでの難民認定率は、日本は0.3％で最低であるのに対して、2018年にカナダは56.4％で第1位、そしてアメリカ合衆国の35.4％、イギリスの32.5％、ドイツの23％と続く（全国難民弁護団連絡会議2020）。先進国では、110万人の難民を受け入れるドイツなど、人道的配慮とともに少子高齢化問題の解決策として難民の受け入れを積極的に行っているところもある。同事務所によると、2018年時点で世界では7078万人強の人々が紛争や迫害によって難民となっており、先進民主国家である日本の難民受け入れ政策は、世界で非難されることも多い。

　移民の受け入れに関していえば、日本は国内での労働力不足を解決するため2019年4月に出入国管理法を改正して、外国人の就労をしやすくした。他方、カナダでは1967年以降、ポイント制にもとづいて移民を受け入れている。年齢が若く大学院など高い学歴や豊かな実務経験がある者、すなわち有能である若手ほど移民許可とビザを取りやすくしている。このため非常に優秀な人材を引きつけることに成功し、移民の増加をカナダは経済成長へとつなげている。教育レベルの高い知的な移民は増えても犯罪率が高まることはない。これに対して日本の場合は、日本人が就労したくない比較的単純で危険な重労働を、教育レベルは低くとも安い賃金でやってくれる労働力を確保しようとしている。つまり現代の日本の政策は、教育水準の低い、単純肉体労働者を中心に臨時労働者を受け入れようとしているのである。そのような外国人労働者が増えると、犯罪なども増加し大きな社会問題となるのではないかと市民は不安を抱き、このような政策に懐疑的になることも納得できる。日本は、移民の増加による大きな問題が起こる前に、いかに優秀な人材を確保すべきかをカナダからさらに学ぶ必要がある。

170

8 結語

　以上、カナダの政治と社会の特徴とそれを支える政治理念や思想、そして政治制度とそこから出てくる政府の政策や行動を中心に、日本と比較しながら分析してきた。カナダは、アメリカ合衆国に大変よく似ているようにみえるが、共通点とともに大きな違いがあることも指摘した。逆にカナダは、日本とは一見全然違うかけ離れた国にみえるが、実は共通点も多いことが判明した。とくに両国には、立憲君主制と議会内閣制を柱とする民主制を支える多くの共通の政治文化がある。

　それと同時に、カナダと日本の政治制度と社会には大きな違いもある。たとえば、カナダでは平等という民主主義の大原則を徹底するために、それぞれの立場や環境にあった施策が有効であると考えられている。これを効果的に実施するために連邦制を進展させて、個々の地域や社会、文化のニーズに合致する政策が打ち出されてきた。

　これに対し、日本では中央集権的な政治制度を中心に、均一政策でもって国民一人ひとりに同じ政策を提供することによって平等を達成しようとしている。とくに教育制度の運用をみてみると、日本が比較的同質的社会であるのに対して、カナダは多民族・多文化社会であるという違いが浮き彫りになる。両国の政策は、分野によっては一見同じようだが、その実施過程などに大きな相違がみられる。

　さらに日本とカナダの政策や政府の行動を分析してみると、国民の政治的関心が深く反映されているのが明らかである。たとえば、民主的な両国はともに男女平等を憲法で規定し尊重している。しかし、日本の男女平等の国際ランキングが153調査対象国中121位と最低グループに近い事実が示しているように、それが遵守されているとはいえない。

　これに対して、カナダは男女間やLGBTのジェンダー平等や民族や文化の多様性を重視している。社会でも政治でも、優秀で多様な人材の採用と昇進が浸透している。これは、女性であっても、移民や難民であっても、またマイノリティであっても、優秀な人材であれば、日本の天皇にあたる、カ

ナダの政治制度のトップの地位である総督に登用されていることからも明らかである。

　さらに、カナダは移民や難民の受け入れに関して積極的であるが、日本は非常に消極的である。そればかりか、カナダはポイント制により将来の自国の発展のための逸材を選別し、移民として受け入れることに成功しているのに対して、日本は日本人の間で働き手がいないような、危険、汚い、きついという 3K に代表される単純肉体労働者を中心に受け入れようとしている。そうすることによって、たしかに短期的な労働市場での労働力不足を解決することはできるかもしれない。しかし、日本の長期的な成長戦略を考慮するならば、カナダにならって、大学院などで高等教育を受け、高い知識と豊かな経験のある若い人材を受け入れることが重要である。

　難民のさらなる受け入れや支援を多くの国がする必要があるが、ここでも日本の難民認定率は、先進国では最も低いレベルにある。これを打破するには新たな効果的な制度が確立されなければならないが、日本社会においてはこれを改善すべきであるという政治的関心も圧力も高いとはいえない。日本は、ジェンダー平等の徹底や外国人労働者や難民の受け入れ問題の糸口をみつけるために、また、少子高齢化によるさまざまな問題を考察するうえで、先進民主国カナダの事例と政策をさらに研究することにより、多くの指針を得ることができよう。

引用文献

櫻田大造 (2006)『カナダ・アメリカ関係史──加米首脳会談、1948~2005』明石書店
全国難民弁護団連絡会議（2020）「統計」
　　　http://www.jlnr.jp/stat/（最終閲覧日：2020 年 2 月 2 日）
水戸考道（2006）『石油市場の政治経済学──日本とカナダにおける石油産業規制と市場介入』九州大学出版会
水戸考道(2010)「グローバル化時代カナダのソフトパワー──高等教育の現状と可能性」飯野正子・竹中 豊編『現代カナダを知るための 57 章』明石書店 , pp. 151-155.

コラム9　首都オタワのカナダ・デー

　連邦結成によってカナダが誕生した7月1日は、カナダ・デーという実質的な建国記念日としてカナダ各地で祝われている。ただ、公式にカナダ・デーと呼ばれるようになったのは1982年のことであり、それまではドミニオン・デーと呼ばれていた。ドミニオンとは、連邦結成によって成立した自治領を指す。ドミニオン・デーは早々に祝日とされたものの、現在のように盛大に祝われることはなかった。また、当時は国旗も国歌も現在のものではなかった。首都オタワで国が主催するイベントが行われるようになるのは1958年のことであり、連邦結成100周年となる1967年はエリザベス女王の臨席の下で盛大に祝われた。その後は財政難で縮小を余儀なくされ、1976年にはついにイベントが開催されなかった。しかし、1976年11月に事態が一変する。ケベック州の分離・独立をめざすケベック党が州政権の座についたのである。そこで、1977年以降は総督や首相、時にはイギリス王室メンバーが参加して連邦議会議事堂前広場で盛大なイベントが開催されるようになり、メイン・イベントであるヌーン・ショーはカナダ放送協会の英語とフランス語のネットワークによって全国に生中継されている。

　ケベック州の独立の可能性が遠のいた2010年代に入っても、ヌーン・ショーはカナダのアイデンティティを強化する役割を果たしている。そこで強調されるのは英語とフランス語の二言語主義であり、多様性であり、カナダの国際貢献である（大石 2019）。会場は赤白縞に赤いカエデの葉が描かれた国旗にちなんで赤や白で埋め尽くされ（**表紙写真**参照）、二言語バージョンの国歌が招待された歌手によって独唱される。また、多様な地域性とエスニシティを考慮に入れて各地から招待されたアーティストがパフォーマンスを披露する。総督や首相はやはり二言語でカナダの進むべき道を演説する。カナダでこうした指導的地位に就くには二言語に堪能であることが求められるのである。イギリス王室メンバーも演説にフランス語をまじえる。国旗は1965年に現在のものが初めて掲げられ、また、オー・カナダがイギリス国歌に代わって1980年に正式に国歌となったが、これらはカナダのシンボルとして急速に浸透し、現在のカナダ・デーを彩る重要なピースのひとつとなっている。なお、伝統的な詩的表現が用いられている国歌の英語の歌詞には「息子たち」などの言葉が含まれていたが、2018年にジェンダー・ニュートラル（性的に中立）な表現に改められている。　（大石太郎）

引用文献

大石太郎（2019）「首都オタワのカナダ・デーの特徴と新たな動向」『カナダ研究年報』第39号，pp. 77-84

第12章

特別寄稿

日本と私

マッケンジー・クラグストン(田邊 信:訳)

はじめに

　関西学院大学の教職員の皆様、学生の皆様、ならびに本日ここにお集まりいただいた皆様、この素晴らしい大学の教授に就任するにあたり、こうして皆様にお話しする機会を与えられましたことを大変光栄に思っております。関西学院大学は日本を牽引する私立大学のひとつであるとともに、活発で定評あるカナダ研究のメッカのひとつです。この大学はグローバルな視野を持ち、自由に思考できる学生を多く輩出してきたことでも知られており、また高く評価されています。そのような関西学院にこの度、教授として招かれたことを真摯に受け止めるとともに、今後この大学の崇高な目的を実現すべく力を尽くしたいと考えています。

　私は長らくこの大学とかかわって参りましたので、今この時もいろいろなことを思い出します。たとえば、関西のなかでも美しいこの地域で過ごした子どもの頃のこと。1950年以降の日本の劇的な変化のこと。外交官として日本で過ごしたさまざまな年代のこと。関西学院に来て学生や先生方と語る機会が何度もあったこと。また、その過程で教職員と確固たる友情を育んできたこと。そのような忘れられない思い出がたくさんあります。それゆえ、日本とカナダ、そして関西学院が私の人生を織りなしてきたと

いっても過言ではありません。

　この年齢になって再びこの場所に戻ってきたということは、私の人生がちょうど一回りしたことを意味します。というのも、私はこのキャンパスで物心がつき、ここで生活するなかで周りの世界、とりわけ日本社会について理解するようになったからです。私は小さい頃この場所で尊敬する多くの日本人と出会い、直接彼らの人となりや想いにふれるなかでこの国に対する見方や自分の価値観を育んできました。私が外交官を志したのも、このキャンパスでの経験がきっかけだったように思います。そういうわけで、今ある自分を育ててくれたこの大学に計り知れない恩を感じており、こうして恩返しができることをとてもうれしく思っています。

　さて、今日は「日本と私」というテーマで講演を依頼されました。ただ、そのためには私の前の世代の人たち、つまり、私の両親や祖父母たちの話から始めなければなりません。というのも私たち家族と関西学院あるいは日本とのかかわりは80年以上にもわたって続いているからです。

1　私のファミリーと日本のかかわり

　私の祖父、アンドリュー・トムソンは長老教会の牧師で、19世紀後半から20世紀初頭にかけて北米から世界各地にキリスト教を広める改革派宣教団の一員でした。この宣教運動においてカナダ人宣教師がアジア伝道に着手したのは比較的後になってからで、東部カナダとヴァンクーヴァーの港を結ぶカナディアン・パシフィック鉄道が開通した1885年以降のことでした。ちょうど関西学院の創立者ウォルター・ランバス博士が日本に来る前に中国で医療宣教に携わったように、私の祖父もまず中国に派遣されました。

　祖父母は1906年に中国に渡り、湖南省北部に居を構えました。そこはカナダ長老派宣教団によって選ばれた中国伝道の拠点となった地域でした。祖父の職務はキリスト教伝道だけでなく、集落間の商業活動や交通を促す耐候性に優れた道路建設に携わることも含まれていました。彼はとてもバ

ラが好きで、休日になると大概の村の中央にあった汚水溜めをバラ園に改
造してしまうような人だったようです。そのため、村の女性たちからは殺
風景な村の風景を彩りあるものへと変えてくれたと感謝されていました。

　私の母は中国で生まれ、高校に入学するまで自宅で教育を受けていまし
た。当時の中国には海外子女が英語で学べる高校がなかったため、彼女も
ほかのカナダ人宣教師の子どもたちとともに蒸気船に乗って中国から神戸
に渡り、このキャンパスからそれほど遠くないところにある、カナディア
ン・アカデミーに入学しました。

　カナディアン・アカデミーは、東アジアで活動する宣教師の子どもたち
を教育するためにカナダのメソヂスト教会が1913年に設立した学校で、日
本で最も歴史のあるインターナショナル・スクールのひとつです。母が
通っていた頃は、現在の神戸市立王子動物園・スポーツセンターにあった
関西学院の原田の森キャンパスに隣接したところに校舎を構えていまし
た。このアカデミーに在学中、私の母は時々阪急電車に乗って、上ケ原キャ
ンパスに住んでいた関西学院の教授とそのご家族の家を訪ねていたようで
す。というのも、彼らの多くが著名なカナダ人宣教師であり、私の祖父母の
友人だったからです。そのなかで最も有名だったのは関西学院第4代院長
であるC. J. L. ベーツだと思いますが、彼以外にも戦前・戦後にかけ関西学
院で教え、短期間ながら院長を務めたハワード・アウターブリッヂ先生お
よび学院運営の幹部として20年以上勤務し、アウターブリッヂ先生ととも
に神戸から西宮へのキャンパス移転の指揮をとったハロルド・ウッズ
ウォース先生などがいました。彼らが、1925年にメソヂスト教会と長老教
会が合同することにより成立したカナダ合同教会のメンバーであったこと
も親睦を深めるきっかけとなったようです（編者注：カナダ合同教会の設
立にはほかに会衆教会も加わっている）。

　カナディアン・アカデミーで中等教育を終えた後、母はカナダに渡り、ト
ロント大学のヴィクトリア・カレッジで学びました。そこで父と出会い、結
婚します。程なくして彼らは私の祖父母の足跡をたどり、中国で宣教する
ことを決意します。二人はアメリカ合衆国のコネチカット州ニューヘイブ

ンにあるイエール大学で1年ほど中国語を学んだあと、中国に派遣されました。しかし1948年の中国は劇的な変化のただ中で、祖父母が1906年に足を踏み入れた時とはまったく異なった様相を呈していました。すなわち共産党の勢力拡大です。私の両親が中国の南部に到着して数か月もたたないうちに、中国共産党は南部地域にも戦線を広げ、彼らを含めた外国人を香港に追いやったのです。

　数か月にわたって香港で待機するよう命じた合同教会のミッション・ボード（伝道局）は、私の両親に対して関西学院での教授職かオンタリオ州東部の町はずれにある小さな教会の牧師かという2つの選択肢を提示しました。この選択は私の両親にとって難しいものではありませんでした。彼らは1949年に神戸に渡り、上ケ原キャンパスの外国人住宅4号館に入居しました。そして、その翌年に私が生まれたのです。

2　幼年期の私

　関西学院に移ってまもなく、私たち家族はこのキャンパスを離れることになります。父が北海道の旭川で5年間にわたってアイヌの人々に宣教することになったからです。私は今でも家の近くの雪山の風景や近所の子どもたちとチャンバラごっこをしたことを覚えています。当時のアイヌの村々はとても貧しく、集落の真ん中あたりに柱を立て、小熊をつないでいるところもありました。私にとってはとても充実した時間だったのですが、1950年代初頭に北海道の辺鄙な村で厳しい生活を強いられた私の両親にとっては苦悩の連続だったようです。そんなわけで、その5年後に宣教団が私たち家族を関西に、また緑に囲まれたこの関西学院に戻してくれた時、私の両親は心底ほっとしていました。父は神学部で教鞭をとるようになり、私と兄弟たちはカナディアン・アカデミーに通うようになります。

　私の母は、その世代の人にしては珍しく、自分の子どもには枠にとらわれず、自分の人生を謳歌してほしいと考える人でした。彼女自身中国でそ

のように育てられ、そのように生きたいと願っていたからもしれません。父は母ほど自由奔放ではありませんでしたが、彼女の教育方針には賛同していました。

　このキャンパスはいろいろなことに挑戦して、自分たちの可能性を広げるには理想的な環境でした。上ケ原キャンパスは当時からとても美しく、梅の木で囲まれた中央芝生の周りに素敵なカリフォルニア風の建物が整然と並んでいました。甲山や周辺の山々もこのキャンパスの風景を引き立てる素晴らしい背景となっていました。

　私が上ケ原キャンパスを設計した建築家のウィリアム・メレル・ヴォーリズのことを知ったのは大人になってからです。この天才建築家は日本に多くの足跡を残していますが、そのなかには、カナダ人宣教師による伝道の礎となった軽井沢の古風で小さなチャペルも含まれています。ちなみに、私にとって最もなじみ深いヴォーリズの建築は、野尻湖国際村 (Nojiri Lake Association) にある講堂です。

　私が日本に愛着を持つうえでも重要な役割を果たしたこの野尻湖についても少しふれておきたいと思います。この火山湖は、長野市と（新潟県）上越市の間を走る日本アルプスの中腹に位置しています（編者注：野尻湖は長野県上水内郡信濃町に位置し、ナウマンゾウの化石が出土したことで知られるが、新潟と富山の県境をなす飛驒山脈（北アルプス）からはやや離れている）。1920年初頭に軽井沢で夏の暑さをしのいでいたカナダ人宣教師たち（そのうちの数人は関西学院で教鞭をとっていました）は、もう少し素朴な避暑地を求めていました。カナダ人らしく湖のある場所を希望した彼らは、長野県内の高原をめぐり、妙高山の麓に位置する野尻湖にたどり着いたのです（編者注：野尻湖は、実際には新潟県に位置する妙高山を含め、斑尾山など北信五岳と呼ばれる長野県北部の山々に囲まれている）。

　野尻湖こそが、自分たちが求めていた場所であると確信したカナダ人宣教師たちは、湖岸の土地の一部を長期的に借り受けることに成功します。彼らは、その借り受けた土地を分け、山小屋や講堂、コミュニティ活動のための建物、船渠や水所コテージを建てました。当時建てられた山小屋は今

も残っており、宿泊者に利用されています。

　私の両親は、最初の1、2年ほど山小屋を借りていたのですが、その後、別荘を購入しました。その別荘は、それから何年にもわたって私たちの夏の静養先となりました。7月になると私たちは蒸気機関車で大阪から北陸の海岸まで行き、そこから目的地に向かったものです。煤だらけにはなりましたが、湖で過ごす夏休みをとても楽しみにしていました。

　皆さんは長野と聞いてとても遠いところだと思われるかもしれません。しかし、そこはとても美しいところで、夏の気候は素晴らしく、果物や野菜は美味しく、私にとっては日本で最も素敵な場所のひとつです。私が野尻湖について話すのは、もうすぐ100周年を迎える野尻湖国際村についてふれたいからです。この野尻湖国際村は、当時関西学院で教えていた複数のカナダ人宣教師たちの働きによって設立された施設なのです。ちなみに関西学院のルース・グルーベル元院長も子ども時代、こののどかな湖で過ごされていました。

　多少脱線してしまいましたので、関西学院の話に戻り、今でも鮮明に覚えている若き日のことについてお話ししたいと思います。私が小さかった頃、上ケ原キャンパスの隣を流れる仁川には透き通ったきれいな水が流れており、私たちはよく泳いだり、魚釣りをしたりして遊びました。両親が用意してくれたお弁当を持って川辺でピクニックしたこともありました。また上ケ原キャンパスにつながっている甲山に登って関西学院の後方に広がる田園風景を眺めたり、テニスコートの裏手にあった洞窟や防空壕、仁川の岩場を探索したりしては、第二次世界大戦中の人々に思いを馳せました。

　当時は戦争が終わってまだ数年しかたっておらず、想像を絶する試練の爪痕がいたるところに残っていたのです。私も腕や脚の一部を失った復員兵がボロボロの軍服を着て物乞いをしているのを見ましたし、その当時三宮近くにあった神戸ユニオン教会の周辺でもアメリカ軍の焼夷弾の先端の破片や塊が埋まっているのを目にしていました。

　戦争中の人々の生活についてもお話を聞くことがありました。我が家のお手伝いさんだった和田さんは、空襲で燃えあがるアスファルトの上を

走って仁川の丘にあった防空壕まで逃げた経験があり、私たちにその生々
しい火傷の痕を見せてくれたことがあります。彼女は小さな娘さんを肩に
のせ、また息子さんを腕でかかえて炎の中を無我夢中で走ったそうです。
国が戦争を始めたことによって一市民がこれほど大きな代償を払わないと
いけないものなのかと衝撃を受けたことを今でも覚えています。

　子どもの頃、私たちにはほとんどお金がありませんでした。皆がそうで
した。しかしながら、私たちはいろんなことにかかわり、とても忙しい日々
を送っていました。私たちは皆メンコという遊びが好きでしたし、爆竹に
も魅了されていました。テレビはありませんでしたが、時々来る紙芝居屋
さんに数円払っては、紙芝居を楽しんでいました。私たちは天気が悪くな
い限りたいてい外で遊び、楽しい日々を過ごしていました。

　大きくなるにつれて、私は自分の周りの恵まれた環境だけでなく、広く
日本を理解しようと思うようになりました。日本人の国民性を意識するよ
うになり、仕事や人間関係にあらわれる日本人の勤勉さ・思いやり・責任
感、あるいは比類なき質へのこだわりというものに関心を持つようになり
ました。

　質に関していえば、私がいつも日本人に脱帽することがあります。それ
は皆さんが物事を「大きく」考えるということです。この国は第二次世界大
戦で完敗し、全国の主要な都市が甚大な被害を受けたにもかかわらず、戦
後20年もたたない1964年にオリンピックを開催し、また新幹線を開通さ
せたのです。

　1964年の東京オリンピックはアジアで開かれた最初のオリンピックで、
大成功でした。いうなればこれは「国際社会にデビューするお披露目行事」
のようなもので、世界も緊張感をもってこの東京オリンピックの動向を注
目していました。日本が経済の規模において世界第2位の大国となったの
はその4年後のことです。日本は猛烈な速さで発展を遂げ、私も自分の故
郷とみなしていたこの国をとても誇らしく思いました。

3　カナダでの生活

　私たち一家は1966年にカナダに帰国したのですが、私はその頃にはすっかり日本的な価値観と人生観に慣れ親しんでいました（編者注：クラグストン氏の父は1961年3月に関西学院を退職している）。勤勉であること、強い意志を持つこと、誇りを持つこと、細部にまで気を配ること、高い志を持ちつつも慎ましさや謙虚さを持つことは、世界中どこでも受け入れられる考え方だと思っていました。

　そのため、カナダに渡った最初の2年間は、日本との大きな違いに大変困惑しました。なにせ私は多様性豊かな神戸の街を離れ、無味乾燥なアングロ・サクソンの都市に移り住むことになったのです。今でこそ国際色豊かな都市が多くみられるようになりましたが、当時のカナダは国際化とは程遠い状況にあったのです。

　カナダ人が日本についていい加減な発言をした時には、日本の状況を弁明することもありました。しかし、程なくして北米市場にトランジスタ・ラジオやバイク、テープレコーダー等の素晴らしい日本製品が出回るようになり、少しずつ日本についての理解が広まるようになります。1960年代の終わりには、日本はグローバル市場において確固たる地位を築き、世界からも評価されるようになりました。

　日本が全速力で経済発展を遂げていた頃、カナダ社会も大きな変化を遂げていました。私は1960年代後半のこの劇的な変化を目の当たりにすることができ、とても幸運でした。1965年に私たちの国の新しい国旗が導入され、2年後の1967年には連邦結成100周年を記念してモントリオール万国博覧会（万博）が開催されました。こうして国際社会におけるカナダのプレゼンスを高めることができたのです。

　さらに「トルドー・マニア」と呼ばれる熱狂的な支持者を生み出したピエール・エリオット・トルドーの総選挙での歴史的な勝利により、カナダ国民は自分たちや自国に対して、真新しい、希望に満ちあふれた感覚を抱くようになりました。私たちは国としてひとつになり、カナダ国民としての誇

りを感じるようになりました。また、愛国心を高揚する動きもありました。

　その頃に高校を卒業した私は、まだ大学に入る心構えができていないと感じていました。自分自身について何も考えが定まっていなかったからです。そこで、私はヒッチハイクで世界を旅してまわることにしました。1969年のことです。

　旅を始めて9か月後、私は大阪万博で盛り上がっていた日本に戻ってきました。その当時の日本は万博だけでなく、戦後の驚異的な発展の成果を世界に向けて発信していました。ちょうどカナダ人が1967年のモントリオール万博のことを懐かしむように、大阪万博の頃の思い出を語る日本人は少なくありませんが、それほど楽観的な時代だったのです。

　その数か月後、とても賑やかな日本をあとにしてカナダに戻ると、ケベック州の分離を訴える少数の過激派がケベックの長きにわたる不満と州の独立を訴え、反乱を起こしていました。いわゆる「十月危機」です。短期間ではありましたが、連邦議会や連邦政府の建物にカナダ軍が配備され、ケベック州では戦時措置法が適用されて数多くの作家や知識人、左派の活動家が逮捕されました。

　国を挙げて連邦結成100周年を祝ってわずか3年でカナダは深刻な政治的混乱に陥ったのです。こうしてケベック問題が顕在化し、以後数十年にわたってカナダの連邦政治の主要課題のひとつとなりました。

　さて、カナダに数年住み、世界各地を旅するなかで、私は日本を大局的にみるようになり、また自分自身の将来について考えるようになりました。日本にゆかりのある者として日本の発展を誇らしく思いつつも、旅を通じてカナダをより身近に感じるようになりました。たとえば、カナダ人の人懐っこさや温かさ。カナダの美しい大地。そして広大な国における無限の可能性。そうしたものに思いを募らせるようになったのです。

　先程ふれた十月危機も、私のカナダに対する印象を悪くしませんでした。むしろ、国を挙げてよりよい政治を生み出そうという気運を高め、近代的で多様性に富み、自信をもったカナダ社会が生まれるきっかけとなったと感じました。私自身も自らとかかわりのある2つの国のどちらかを選ば

なくてよいと感じるようになりました。カナダも日本も自分と縁がある国として受け入れることができるようになったのです（皆さんのなかにも海外で生活したいと思っている方がいらっしゃると思いますが、海外を旅し、海外で生活すると、国家という枠組みに縛られない新しい生き方を模索するようになるかもしれません）。こうした経験から私は次第に国際的な職業をめざすようになりました。

　私は、オクスフォード大学にならって創立された、オンタリオ州ピーターボロにあるトレント大学で国際政治と歴史学を学び、学士号を取得しました。国際政治と歴史学を専攻したのは、カナダが戦後に展開した世界的にも評価の高い外交政策に感化されたからです。

　当時のカナダ外務省は、小集団ながら才能ある人材を有しており、戦後の社会においてカナダこそ平和で健全な世界を築く役割を果たすべきだという強い決意の下、大国が競い合うなかで独自の外交を展開し、国際社会から高い評価を得ていました。カナダは国際連合や国際通貨基金（IMF）、世界銀行など今日の国際体制を形成するうえで多大な貢献をし、スエズ危機が勃発した際には平和的解決に向けて重要な役割を果たしました。当時の外務大臣のレスター・B・ピアソンは、このスエズ危機を解決したことでノーベル平和賞を受賞しています。また、カナダは国連平和維持活動（PKO）の設立に尽力し、初期の平和維持活動にはすべて参加しました。開発援助においても、すべての人により安全で、繁栄ある未来をもたらすという使命の下で第三世界に対して多大な貢献を行い、先導的役割を果たしてきました。最近でも、対人地雷禁止条約や「保護する責任」（自国民の保護という基本的な責任を果たせない国に代わって国際社会が人道的危機にさらされている人々を保護する）という概念を提唱し、リーダーシップを発揮しています。

　そして、トレント大学を卒業後、私は関西学院のクロス・カルチュラル・カレッジ（CCC）のパートナー大学の1つでオンタリオ州キングストンにあるクイーンズ大学に進学し、修士号を取得します。その頃には、カナダの外務省に入ろうと決意を固めていました。

4 外交官生活

　再び1年ほど世界を旅してまわった後、私は外務省に入省し、34年にわたる恵まれた外交官生活をスタートしました。そのうちの実に18年間は外交官として日本で過ごしたのです。私は日本という1か国だけで5つの異なる職務につきましたが、私の知る限り、カナダ政府がこのような配属をしたことは私以外になかったように思います。なかには外交官たるもの広い世界を見るべきなのに、ひとつの国にとどまってしまうのは何とつまらないことだろうと思っていた人もいたかもしれません。しかし私自身はそのような外交官人生を謳歌することができて良かったと思っています。

　そもそも私が外務省に入省できたのは、日本との個人的なかかわりがあったからなのです。1980年代、世界各国はこぞって東京に大使館を開設し、日本各地に領事館を置くとともに、外交官の日本語能力を高めようと躍起になっていました。このような追い風のなかで私は選抜され、入省後まもなく日本に派遣されたのです。

　私は1年間にわたり横浜で日本語の特訓を受けた後、筑波万博が開催されていた1985年に広報部の二等書記官として東京の大使館に赴任しました。その当時の私の職務は日本の大学との学術交流を推進することで、私はこの業務を通じて、カナダで最も有名な外交官であり、知日家のハーバート・ノーマンと親交のあった日本の知識人たちと交流するようになりました。

　1980年代の東京の大使館は、依然としてハーバート・ノーマンの面影が残っていました。彼が宣教師の家庭の出身で、日本に関する画期的な研究成果を残した人物であったことから、私自身も彼に大きな影響を受けました。日本に関する深い理解や解釈においては到底かなわないのは明らかでしたので、せめて彼のような日加の「架け橋」となりたいと思いました。

　私が前任者から学術交流事業を引き継いだ1985年には、日本カナダ学会という、日本中の研究者が集まった活発で学際的な学会が組織されていました。私の職務は、この学会だけでなく各大学のカナダ研究にかかわる学術センターを支援し、また大学どうしの教育連携を後押しすることでし

た。そのため、北は北海道から南は九州まで、カナダ研究の科目を提供する大学、あるいはカナダ研究を始めようとしていた大学を訪ねました。外交官として関西学院大学を訪問したのもその時が初めてでした。私が訪問した大学はどこもカナダ研究に力を入れており、その教授内容には目を見張るものがありました。ただ、その時も、またその後も、関西学院ほどカナダを重視し、熱心に学術研究に取り組んでいたところはなかったように思います。また、個人的な感想ですが、キャンパスの美しさでは関西学院にかなう大学はありません。

　この職務を終えて、カナダに帰国する数か月前に、当時のブライアン・マルルーニー政権は第二次世界大戦中に強制収容された日系カナダ人に公式に謝罪し、被害者に賠償することを発表しました。これによって、長きにわたりカナダの名声を穢（けが）してきた無実の日系人たちへの歴史的不正義がようやく正されたのです。カナダの汚点というべきこの歴史的事実が明らかにされ、当時の首相によって事実だと認められたことで、私はほかのカナダ人同様ほっといたしました。もちろん罪なき人々に対して犯した過ちを消し去ることはできませんが、政府の公式謝罪はこの歴史的な課題に区切りをつけたように思います。数年後に日本に戻ってきた時、私は日本政府が勇敢にも歴史的な過ちを認めた河野談話を逆に注意深く聞きました。

　私は1980年代に二等書記官として日本に赴任しましたが、1990年代にも商務参事官として再び来日し、カナダのエネルギー製品やツーバイフォー（2×4）の工法で建築される住宅のプロモーション活動に従事しました。当時の日本の住宅業界は大変活況で、日本の鉄鋼業界もカナダの石炭を必要としていたため、大変恵まれた時期に商務参事官の任務にあたることができました。

　ただ、当時の日本の建設省（編者注：現・国土交通省）はツーバイフォー工法の住宅にとても懐疑的でした。私は幾日にもわたって建設省の上級官僚を訪ねてはツーバイフォー工法の利点を力説したものです。嬉しいことに、ここ20年の間で状況はがらりと変わり、今やこの工法で建てられた家屋はその安全性や耐久性、また費用面から日本各地で高く評価され、主流

になりつつあります。

　この任務の半ばを過ぎた頃に阪神・淡路大震災が起こり、大使館でも対応を迫られました。バイタリティある当時の駐日大使の下で、私たちはカナダから関西地方にブランケットや食料、シェルター等を発送する体制を整えました。私自身は住宅輸出の担当官として、震災によって家を失った多くの人に仮設住宅を提供する政府支援事業に携わりました。これはカナダ政府が長期間にわたって取り組んだ事業で、私はこの国際事業の一員として数年間にわたって関西地方の住民の皆さんを支援いたしました。大震災直後に関西の地に戻り、被災状況を見てまわるのは大変心苦しいものでした。

　その後、カナダに戻り、私は枢密院において3年間首相の外交政策アドバイザーとして勤務しました。上級外交政策アドバイザーや首相等と接することができる稀なポストで、私もしばしば親日家でもあったジャン・クレティエン首相(当時)に対して日本の状況について私の考えをお伝えしました。

　その後、大阪総領事として素晴らしい3年間を過ごし、2003年に東京のカナダ大使館の公使として異動しました。公使というのは大使に次ぐポジションで、大使を直接サポートし、大使館の事務局全体の統括にあたります。通常は公使が出張したり、視察したりすることはあまりないのですが、私は日本語ができましたので、このキャンパスでの講演を含め、いろいろな行事でスピーチをいたしました。

　公使として勤務していた3年の間(2003‐2006)に日加関係で大きな懸案事項となっていたのは、貿易問題でした。カナダ政府が自由貿易協定(FTA)の締結に向けての交渉に前向きだった一方で、日本政府はFTAの交渉に難色を示していたのです。日本側が交渉を躊躇していたのは、国内の農業団体からの圧力が強かったからでした。そんな当時の交渉背景を知っているものですから、昨今日本政府がこれまでのスタンスを変えて自由貿易交渉に積極的にかかわり、TPPにおいてリーダーシップを発揮しているのを見るのは興味深いことです。ここ10年ほどで農業団体からの圧力が政治的にあまり重視されなくなった証左だと思います。

5　駐日大使として

　さて、駐インドネシア・東チモール・ASEAN大使としての任務が終わろうとしていた2012年に、私は夢にまでみた駐日大使のポストを打診されます。私は当時外務大臣を務めていたジョン・ベアードとともにカンボジアでの行事に参加したのですが、プノンペンの国際空港に向かう車中で、彼から「今年、君には私の大使として東京に行ってもらいたい」と言われたのです。その知らせを聞いて大変驚き、また喜びました。その時は亡くなった両親のことを思い出し、彼らが生きていたらどんなにこの知らせを喜んだことだろうと思いました。また、私たちを待っている日本の友人たちのことも頭に浮かびました。私はこれまでいろいろな形で頻繁にかかわることになった日本に思いを馳せ、もし運命というものがあるならば、まさしくこういうことを言うのだろうと感じました。

　駐日大使としての一番の喜びは、日加の関係強化に貢献できたことです。大使に就任したのは、東日本大震災から1年半が経過した頃で、個々のカナダ人や複数の組織が一丸となって被災地の人々のために何かしようと取り組んでいました。たとえば、被災地の子どもたちが仮設住宅における生活から一旦離れ、カナダで気持ちを新たにできる有意義な体験をしてもらおうと基金を設立したり、被災地で復興を目的とした図書館やコミュニティ・センターを建てたりしていました。

　こうした支援のなかで印象に残っているのが、仙台市郊外の名取というところにできた「どんぐり・アン・みんなの図書室」の開館式に参加したことです。それは2月のある寒い日の朝のことで、私はここの図書館長に『赤毛のアン』の作品集を手渡しました。『赤毛のアン』はカナダを象徴する作品で、彼女の根性や意志の強さは何世代にもわたって多くの日本人に愛されています。カナダ政府の支援によって建てられたこの木造の図書室が、被災した地域コミュニティの癒しとなればと思いました。

　余談ですが、震災後に日本人とカナダ人を結びつけたあるエピソードをご紹介したいと思います。震災が起こった年にどういうわけか1台のバイ

クがカナダの西海岸に流れ着きました。あるいは何らかのコンテナのような
なものに入って流れついたのかもしれません。あるカナダのコミュニティ
がこのバイクを拾い上げました。そして、これをきれいに洗浄して磨き上
げ、元の持ち主を探しあてて日本まで送り返したのです。こういった話を
耳にする度に、私は日加両国の人々の強いつながりや、太平洋を越えた親
善への思いを強く感じます。

6　カナダの多文化主義と日本社会

　日加両国は、政府や学術機関レベルにおいても、社会や経済政策におい
ても、長年対話を積み重ねてきました。そうした対話において近年よく議
題に上がるのがカナダの移民政策です。日本の政治家や政策立案者たち
は、日本の人口減少に歯止めをかけるために方策を練っており、カナダの
移民政策をとても興味深い事例として捉えているのです。

　子育て支援による出生率の上昇、女性の就労機会の拡大、年金受給年齢
の引き上げや海外からの臨時労働者の受け入れ等は日本でも模索されてい
るか、すでに実施されている政策です。しかし、これらの政策はどれも日本
の人口減少を抑えるうえでは、あまり有効でないといってよいでしょう。
また、日本の人口を8000万人規模に縮小すれば良いという主張もあります
が、そうした変化によって確実に生じる精神的、社会的、経済的資産や活力
の喪失をどう穴埋めするのか考えなければならないと思います。

　こうした問題意識から、過去4年間にわたり、カナダがどのように多文
化・多民族国家となったのかについて折にふれて説明してきました。もち
ろん日本のリーダーたちのなかには、共通点がほとんどないさまざまな背
景をもった人たちを受容する社会というものに、かなり懐疑的な方もい
らっしゃいました。

　ここでカナダの多文化主義について話すと長くなりますので、詳しくは
また別の機会にお話ししたいと思います。しかし、その成功要因を端的に

言うならば、1960年代のカナダ政府が、慎重にかつ確固たる意志をもって移民の受け入れ拡大に取り組むとともに、新たに入国した人々がいち早くカナダ社会に適応できるように、市町村や州政府、連邦政府の担当部局に働きかけたからなのです。

　私が日本からカナダに渡った1966年頃のカナダ社会は、一部の先住民を除いて圧倒的に白人で占められていました。しかし皆さんが今日のカナダを旅行したならば、世界各地から人々が集まっていることに気づくでしょう。今やカナダの都市は、無数の文化や言語、宗教の中心地となっているのです。街は以前よりも活気にあふれ、折衷的であり、面白くなり、また提供される料理も各段に良くなりました。移民たちは革新的で、重要な企業を起こし、数多くのカナダ人を雇用し、カナダ経済の発展に大いに貢献しています。

　圧倒的に多くのカナダ人が、政府の多様性推進政策や多文化主義政策を支持しています。なぜなら、カナダ人はこれまでの多文化主義の経験を概してポジティブに捉えているからです。そういうわけで、2015年には国内における大きな反発なく2万5000人のシリア人難民を受け入れることができました。

　日本政府関係者とこうした問題について議論するとよく驚かれるのは、カナダも移民を受け入れなければ日本と同様に人口減少や高齢化に見舞われるということです。移民を受け入れることによって、人口減少や高齢化といった社会問題に国を挙げて歯止めをかけようとしているのです。ただし、単に移民を受け入れればいいという問題ではありません。カナダの多文化主義政策が比較的うまくいっているのは、移民受け入れのためのプログラムや法制度、政策をあわせて整備しているからなのです。日本の関係者とカナダの多文化主義についてお話をする際はいつもその点を強調して伝えています。

　もちろんカナダの移民政策の取り組みは1つの事例であり、他国が同様に取り組めるものではないかもしれません。ただひとつ言えることは、移民政策がうまく実行されれば、社会に活気や若者、力やアイディアをもた

らすということです。言い換えれば、地域社会に人的資源をもたらすのです。これは今日お集まりの日本の学生の皆さんにもかかわってくる問題だと思います。ぜひ日本がこれからどんな社会になってほしいのか、そして、自分たちがどうやってその社会を実現していくのか深く考えてほしいと思います。私は過去60年にわたって日本の急速な経済発展を目の当たりにしながら生きてきました。ですので、日本が将来に向けて今後数年でどんな政策や戦略を打ち出すのか関心を持っています。

7　明日の日本社会を牽引する皆さんへ

　この講演を締めくくるにあたり、日本と世界の接点について少しふれておきたいと思います。皆さんは平和で、発展したこの国に生まれ育ち、とても恵まれた生活を送っていると思います。日本は過去70年の間に空前の富と快適さを手に入れ、世界から羨望の眼差しで見られています。技術面ではもちろんのこと、革新的な経済活動においても世界をリードしているのです。完璧な社会ではないかもしれませんが（そもそも完璧な社会などありません）、日本が世界に発信できることは多いと思います。

　日本人はかけがえのない視点を世界にもたらすことができます。日本人の皆さんはチームワークや調和、勤勉さなどがどれほど社会に利益をもたらすかを知っています。また、皆さんの多くは、バランス感覚が優れ、実践的で、知的で、仕事一筋の人たちです。

　私も日常的に目にすることがあるのですが、日本人の皆さんは相手の顔を立てながら、対立を解消する方法を模索します。近道をせず、難しい仕事からも逃げ出しません。他国と比べて自己中心的な人が明らかに少ないといえます。また概して、皆さんの社会は平等であり、国を分断するようなひどい経済格差もみられません。

　しかし、その人口と経済規模の割には、日本は海外で過小評価されています。もちろん日本は主要な政府開発援助（ODA）の拠出国であり、国連分

担金においても第2位の規模を誇ります。和食や日本の技術、日本文化は世界でも広く受け入れられ、模倣されています。しかし、海外で日本人をみかけることはほとんどないのです。

その理由はいくつか挙げられると思いますが、一番確実なのは言語の壁だと思います。日本人は異なる言語機能を発達させ、外国語を習得することが難しいのだという人もいますが、そういう考えはどこか責任回避や諦めのように聞こえ、とても腹立たしく感じます。他人が羨むような社会を築き、文化や科学技術分野で並外れた貢献をする日本人が英語を習得できないはずがありません。こうした考えが未だにまかり通っているのは、個々の学生の問題というより、日本社会全体が偏狭な考え方を受け入れているからだと思います。

こうした状況を変えるには、さまざまなところで改革がなされるべきです。しかし、そのなかで最も重要な役割を果たすべき機関は、文部科学省ではないかと思います。文部科学省のなかにも変化を起こしたいと考えている優れた官僚が多くおり、彼らはこの国の教育を正しい方向に導こうと努力しています。しかし、もし日本が英語によるコミュニケーションを重視した世界に深くかかわっていき、中国や韓国などの近隣諸国に後れを取らないようにするのであれば、今までの枠組みを越えた教育モデルへと転換していくべきでしょう。

私が関西学院大学の教員として着任する喜びのひとつは、本学が「内」と「外」の壁を取り除き、日本の若者に対して世界の実情を伝え、また海外で一歩を踏み出すための教育プログラムを整えようとしていることです。たとえば、クロス・カルチュラル・カレッジ（CCC）は本学の学生を国際化させる素晴らしい取り組みであり、私もそのカレッジ長として就任することを大変うれしく思っています。

世界は、国際舞台で活躍する日本人をもっと必要としています。そして私は、国連をはじめとするさまざまな海外の機関が日本人から多くのことを学べると思っています。この点に関して、関西学院が国連をはじめとする国際機関や外務省などでの就業を希望する若者のために新しいコースを

開講することをうれしく思います。またこのコースで、明石康・元国連事務次長やドイツ特命全権大使であった神余（隆博）副学長（編者注：講演当時）とともに教鞭をとることを楽しみにしています。こうしたイニシアティブは、世界の課題に対処するための技能を若い日本人に身につけてもらううえで、どうしても必要なことなのです。

最後に、C. J. L. ベーツという素晴らしいカナダ人が関西学院にもたらした "Mastery for Service"（奉仕のための練達）という崇高なスクールモットーを覚えていただきたいと思います。私は、このスクールモットーが調和を重んじ、善く生きる重要性を表した言葉であると考えています。

私の場合、両親や祖父母が他者に仕える人生を送っていたこともあり、公務以外の仕事をすることは難しかったように思います。外交官であることは私にとって名誉であり、また私にぴったりの職業でした。国際公務員も同様に重要な職業で、私は皆さんのなかから国際公務員をめざす方が出てくることを期待しています。

しかし、成功するにはいくつもの道があります。この大学はさまざまな分野で功績を残している卒業生を多く輩出しています。皆さんがどんな道を選んだとしても、熱意をもって取り組み、その道で大成していただければと思います。関学のテニスコートのフェンスに掲げられた言葉のように、目標を達成すべくノーブル・スタボネス（高尚なるねばり強さ）を貫徹してください。

かつてベーツ院長が関西学院の学生に強く勧めたように、私も皆さんが社会で活躍するにつれて社会に恩返しをする人物になることを勧めます。社会を支える人たちがいてこそ、社会は前進できるのです。皆さんはまさにそうした社会の一員なのです。ご清聴ありがとうございました。

本章は、マッケンジー・クラグストン前駐日カナダ大使が関西学院大学に特別任期制教授として就任直後の2016年10月11日に同大学上ケ原キャンパスで行った特別公開講演を翻訳したものである。同氏は神戸生まれで、ご尊父（ダグラス A. クラグストン氏）が同大学で宣教師として教鞭をとっておられた関係で幼少年期は西宮市にある上ケ原キャンパスで過ごされた。さらに同氏はのちに在大阪カナダ総領事も務められ、関西地方とは縁が深い。（編者）

コラム10 クロス・カルチュラル・カレッジ (CCC)

　Cross-Cultural College（CCC）とは、関西学院大学と、多民族・多文化共生国カナダに所在し、同大学と長い交流のある3つの名門大学が、世界市民を育成することを目的として2011年に共同で設立したVirtual Collegeである。本部は関西学院大学上ケ原キャンパスにある。

　このプログラムの具体的な目的は、「異文化理解やコミュニケーション力を持ち、多文化を共生させながら、グローバル社会の持続的な発展と成長に寄与できる世界市民リーダーズを育成」することである。

　CCCは、文部科学省の平成23年度「大学の世界展開力強化事業」に採用され、その助成金で設立された。共同経営メンバーは、カナダにおけるリベラル・アーツ教育でほとんど毎年第1位を獲得しているニューブランズウィック州の名門マウント・アリソン大学、カナダの古都キングストン市にあり、医学や社会科学などで優れ、日本の皇族も学んだクイーンズ大学、そしてトロント市に所在するカナダトップの世界的名門トロント大学である。

　CCCのコア科目は、グローバル化問題に直面する産業界や政府機関、あるいはNGOと連携して提供する実践的科目で、両国で英語にて毎年開講されている。4大学の学生が寝食をともにする共同研究型セミナーや、両国から選抜された学生がペアを組み企業で体験学習をするインターンシップなどからなっている。

　運営は、4大学の代表から構成される共同運営委員会と共同教務委員会が担当している。設立以来、前者はPaul Goochトロント大学ヴィクトリア・ユニバーシティ名誉学長が、後者はCCCの構想責任者である関西学院大学法学部教授の水戸考道が委員長を務めている。なお学長は、2016年以来、駐日カナダ大使を務めたMackenzie Clugston関西学院大学特別任期制教授である。

　規定に従い、CCCのコア科目1科目を含む各大学が提供している科目を16単位履修すると修了証書が授与される。ただし、修了要件としてTOEICで820点以上の英語能力も必要である。CCCは質の高いプログラムを提供しており、文部科学省による2回の外部評価でともに高く評価されたほか、学生にも人気がある。

　2019年末現在で、日加両国から延べ600名以上が参加しており、その修了生は両国のみならず、世界各地ですでに活躍している。なお同プログラムは、関西学院大学の他の協定校や同大学加盟の日加大学コンソーシアムの日本のメンバー校の学生にも開放されている。　　　　　　（水戸考道）

関西学院大学 国際教育・協力センター クロス・カルチュラル・カレッジ事務局
https://cross-cultural-college.jimdofree.com/

お わ り に

　21世紀に入りグローバルな人、モノ、情報の移動がより日常的になる一方、日本では景気低迷が長期化するなか、海外留学する日本人学生数が減少していった。また海外で働くことを敬遠する学生が増加するなど、学生の内向き傾向が危惧されていた。こうした流れのなかで文部科学省は、2012年には大学教育のグローバル化を目的とした体制整備を重点的に財政支援する「グローバル人材育成推進事業」を開始し、さらに2014年には「スーパーグローバル大学創成支援事業」を展開するなど、グローバル人材育成に向けた日本人学生の海外留学者数・割合の引き上げを推進してきた。こうした支援の効果もあり、現在日本人学生の海外留学者数は毎年増加している。

　独立行政法人日本学生支援機構（JASSO）が公表するデータによると、カナダは、アメリカ合衆国、オーストラリアに次ぐ第3位の留学先として、依然人気を集めている。関西学院大学は上記のスーパーグローバル大学に選定され、交換留学、中期留学、外国語研修、海外インターンシップや国際ボランティアなど、多岐にわたる海外留学プログラムを展開してきた。その結果、立命館大学、関西外国語大学、早稲田大学に次いで、日本で4番目に多くの日本人学生を海外に送り出している。本書の複数の章で取り上げた関西学院大学とカナダの深いつながりから、カナダは在学生の第1位の留学先となっている。毎年全留学生の約30％がカナダで学びの機会を得ている。

　しかし、こうした学生たちと接して歯がゆく感じているのが、留学に行く前に自分がこれから学ぶカナダという国について理解している学生が非常に少ないという点である。また留学後であっても、ほとんどの学生は自らが直接ふれたカナダの魅力をその背景も含め体系的に学ぶことはなく、単に語学を学んだ場としてのかかわりに終わってしまう点を残念に感じていた。本書は、関西学院大学におけるグローバルスタディーズ科目のテキストとして企画、刊行されたものであるが、授業の履修者はもちろん、カナダ留学やカナダ旅行を通じてカナダとかかわりを持った読者に手に取ってもらうことで、読者が同じ北米の隣国アメリカ合衆国とは異なるカナダと

いう国の成り立ち、その複雑さを理解する一助となることを願っている。また各章で紹介されるカナダの独自性を支える地理的要因、歴史、政治制度、憲法、民族文化、日本との関係性についての議論は、カナダ研究にこれからかかわろうとする初学者にとっても大いに参考になるだろう。

　本書が、2019年に日加修好90周年を迎えた日本とカナダの長年にわたる深い関係をひもとくと同時に、社会運営においては日本と異なる方針を持つカナダのダイナミズムを理解する入り口の役目を少しなりとも果たすことができていれば編者一同、望外の喜びである。

　しかしながら序章でも指摘したように、本書は必ずしもカナダにまつわるすべてのテーマや領域をカバーし得たものではない。とくにカナダのモザイクの豊かな彩りのひとつである先住民については、コラム7「先住民の権利について」での紹介にとどまっている。カナダ社会で先住民が味わってきた苦難の歴史やその後の権利回復へのプロセスは、カナダ社会が多様性を包摂するうえで、どのようなアプローチを模索してきたのかを理解するにあたり、欠くことのできない視点である。この点に関しては、2020年度の授業からより重点的に取り上げる予定もある。そのほかにも、各章でふれてはいても十分に掘り下げることのできなかった先進的なカナダの教育や福祉、社会保障、環境などのテーマも存在する。

　このような限界を埋め合わせるには至らないが、各章を担当する執筆者にもご協力いただき、巻末には「さらに学びたい人のために」として、問題関心に応じた学びを深めていける書籍や資料の一覧を盛り込んだ。今後版を重ねるなかで、こうした課題を乗り越え、本書をより網羅的な内容に改訂していくことができればと願っている。なお本書をまとめるにあたっては、各執筆者の方に多大なご協力をいただいた。出版に向けた動きがなかなか進まない時期もあり、ご心配をおかけしたことをお詫びすると同時に、末筆ながらご協力にお礼を申し上げたい。

2020年3月

新型コロナウイルスの一日も早い終息を願って

編者一同

さらに学びたい人のために

全　般

クレマン, D., 細川道久訳（2018）『カナダ人権史——多文化共生社会はこうして築かれた』明石書店

細川道久編（2017）『カナダの歴史を知るための50章』明石書店

ノールズ, V., 細川道久訳（2014）『カナダ移民史——多民族社会の形成』明石書店

飯野正子・竹中 豊編（2012）『カナダを旅する37章』明石書店

飯野正子・竹中 豊編（2010）『現代カナダを知るための57章』明石書店

小畑精和・竹中 豊編（2009）『ケベックを知るための54章』明石書店

日本カナダ学会編（2009）『はじめて出会うカナダ』有斐閣

日本カナダ学会編（2008）『新版　史料が語るカナダ—— 16世紀の探険時代から21世紀の多元国家まで　1535-2007』有斐閣

綾部恒雄・飯野正子編（2003）『カナダを知るための60章』明石書店

木村和男編（1999）『カナダ史（世界各国史シリーズ23）』山川出版社

日本カナダ学会「カナダ豆辞典」　http://jacs.jp/dictionary/

Sauvé, V. L.（2012）*Gateway to Canada*, 2nd ed. Oxford University Press.（第二言語として英語を学ぶ人向けにつくられたカナダ入門書。やさしい英語でカナダ全般について学ぶことができる）

The Canadian Encyclopedia　https://www.thecanadianencyclopedia.ca（インターネット版の百科事典であり、歴史的事項を中心に、現代に至るまでの幅広いテーマを簡潔に学ぶことができる）

第1章

栗原武美子（2011）『現代カナダ経済研究——州経済の多様性と自動車産業』東京大学出版会　（自動車産業を中心に、カナダの諸地域を学ぶことができる）

大石太郎（2017）「カナダにおける二言語主義の現状と課題」『E-journal GEO』第12巻第1号, pp. 12-29.（公用語を中心に、カナダの諸地域を学ぶことができる）

Bone, R. M.（2014）*The Regional Geography of Canada*, 6th ed. Oxford University Press.（カナダの大学で用いられるカナダ地誌の代表的テキストで、カナダの諸地域を詳細に学ぶことができる）

第 2 章

香川貴志（2010）『バンクーバーはなぜ世界一住みやすい都市なのか』ナカニシヤ出版
（カナダの一都市について書かれた数少ない日本語の本であり、ヴァンクー
ヴァーの魅力をたっぷり紹介している）

Edmonston, B., and Fong, E. eds. (2011) *The Changing Canadian Population.* McGill-
Queen's University Press. （カナダの人口をさまざまな観点から分析している）

Nader, G. A. (1976) *Cities of Canada Volume Two: Profiles of Fifteen Metropolitan
Centres.* MacMillan of Canada. （古い本だが、カナダ全土の 15 都市の概要を
知ることができる）

第 3 章

児玉奈々（2017）『多様性と向き合うカナダの学校——移民社会が目指す教育』東信堂
（教育の分野で、カナダが多様性にどう向き合ってきたのかについて学ぶこと
ができる）

ブシャール, G.・テイラー, C. 編, 竹中 豊・飯笹佐代子・矢頭典枝訳（2011）『多文化
社会ケベックの挑戦——文化的差異に関する調和の実践 ブシャール＝テイ
ラー報告』明石書店 （ケベックにおける多様性の管理とその理論的背景につ
いて理解を深めることができる）

加藤普章（2018）『カナダの多文化主義と移民統合』東京大学出版会 （カナダにおける
移民の資格認定や定住支援について学ぶことができる）

第 4 章

ハウエルズ, C. A.・クローラー, E. -M. 編, 日本カナダ文学会訳（2016）『ケンブリッ
ジ版 カナダ文学史』彩流社 （英語・フランス語で書かれたカナダの文学や演
劇作品などを論じた専門書である）

第 5 章

関西学院百年史編纂事業委員会編（1994-1998）『関西学院百年史』資料編Ⅰ・Ⅱ, 通史
編Ⅰ・Ⅱ, 学校法人関西学院（日本の近代化と関西学院のあゆみを学ぶことが
できる）

池田裕子 (2013)「ロリニャルから世界へ——カナダ東部におけるベーツ院長関係地訪問」
『関西学院史紀要』第 19 号, pp. 105-153. （スクールモットー "Mastery for
Service" のルーツをはじめとして、現在の関西学院につながる礎を一人のカ
ナダ人宣教師の足跡をたどりながら紹介している）

櫻田大造（2020）「カナダ首相は、なぜ関西学院大学と上智大学を訪問したのか？――ディーフェンベーカーの初来日について」『関西学院史紀要』第26号, pp. 7-41. （カナダと日本に残る資料から、ディーフェンベーカー首相の関西学院訪問が純粋な宗教心からであったと指摘し、近年再評価が進んでいる同首相の外交手腕に新たな視点を加えている。また、関西学院と上智大学との比較も興味深い）

関西学院吉岡記念館「学院探訪」
　　　https://www.kwansei.ac.jp/yoshioka/yoshioka_002921.html
　　　（関西学院広報誌『KG TODAY』に連載中の「学院探訪」のインターネット版。カナダとの関係を含め、関西学院の精神を育んだ歴史的事柄を紹介している）

第6章

Producteurs et productrices acéricoles du Québec　https://ppaq.ca/
　　　（ケベック・メープルシロップ生産者組合のウェブサイトであり、メープルシロップについてさまざまなことを知ることができる。英語版もある）

Maple from Canada　https://maplefromcanada.jp/
　　　（ケベック・メープルシロップ生産者組合の日本語版ウェブサイト。日本での取扱店舗など日本独自の情報も掲載されている）

長谷川マリー（1994）『マリーのケベック田舎料理――大自然から愛をこめて』雄鶏社　（ケベック近郊のオルレアン島出身の著者が、ケベックの食材とともに自身の祖母から習った料理を美しい写真とともに紹介している。料理や食材の背景に写る雪や植物や添え書きから、ケベックの大自然の中の豊かな生活が想像できる）

第7章

真田桂子（2006）『トランスカルチュラリズムと移動文学――多元社会ケベックの移民と文学』彩流社

ブシャール, G., 丹羽卓監訳（2017）『間文化主義（インターカルチュラリズム）――多文化共生の新しい可能性』彩流社

第8章

松井茂記（2012）『カナダの憲法――多文化主義の国のかたち』岩波書店　（カナダ憲法の要点について、詳しく解説されている）

Department of Justice　http://www.justice.gc.ca/eng/index.html
　　　（カナダ司法省のホームページであり、裁判所システムや連邦法の条文など、カナダの法と司法制度について幅広い情報を得ることができる）

第 9 章

コガワ，J.，長岡沙里訳（1998）『失われた祖国』中公文庫　（作者自らの経験を元に、第
　　二次世界大戦中に日系人が味わった苦難を描いている。この作品で作者はカナ
　　ダを代表する作家の一人となった）

ミーハン，J. D.，田中俊弘・足立研幾・原口邦紘訳（2006）『日加関係史 1929-1941　戦
　　争に向かう日本――カナダの視座から』彩流社　（第二次世界大戦前の日加関
　　係について理解を深めることができる。イギリスとアメリカ合衆国に多大な影
　　響を受けていたカナダの対日政策について、政策決定者のみならず実業界や宣
　　教師などさまざまな視点から分析している）

第 10 章

ダレール，R.，金田耕一訳（2012）『なぜ、世界はルワンダを救えなかったのか――
　　PKO 司令官の手記』風行社　（ルワンダの国連 PKO の司令官を務めたカナダ
　　人ロメオ・ダレールによる体験記。当事者ならでは視点で、虐殺の残虐さや国
　　連への無力感やジレンマが描かれている）

吉田健正（1994）『国連平和維持活動――ミドルパワー・カナダの国際貢献』彩流社
　　（カナダが国連緊急軍を提唱するに至った経緯から冷戦時代の取り組み、冷戦
　　後の変化がくわしく学ぶことができる）

第 11 章

櫻田大造（2003）『誰も知らなかった賢い国カナダ』講談社 + α 新書

水戸考道（2006）「カナダと日本の政治文化と国家権力」『石油市場の政治経済学――
　　日本とカナダにおける石油産業規制と市場介入』九州大学出版会 , pp. 61-75.

執筆者略歴 （五十音順）

池田裕子 （いけだ・ゆうこ） 第5章

関西学院大学学院史編纂室専任主管。関西学院大学商学部卒業。主要著書に、『ベーツ宣教師の挑戦と応戦』（関西学院大学出版会、2019年、共編）、*Voices from the Past to the Future: Recollecting the History of Kwansei Gakuin, 1889-1940*（Museum Plannnig Office, Kwansei Gakuin University, 2013）など。関西学院広報誌『KG TODAY』に「学院探訪」シリーズを連載。

大石太郎 （おおいし・たろう）〈編者〉 第1章、第2章

関西学院大学国際学部教授。東京都立大学大学院理学研究科博士課程修了。専門は人文地理学。モントリオール大学地理学教室博士研究員、琉球大学准教授、関西学院大学准教授を経て、2018年より現職。主要著書に、『カナダの歴史を知るための50章』（明石書店、2017年、分担執筆）、『世界と日本の移民エスニック集団とホスト社会——日本の多文化化に向けたエスニック・コンフリクト研究』（明石書店、2016年、分担執筆）など。

大岡栄美 （おおおか・えみ）〈編者〉 第3章

関西学院大学社会学部准教授。トロント大学大学院社会学研究科博士課程修了。専門は社会学。2009年より現職。主要著書・論文に、『カナダの歴史を知るための50章』（明石書店、2017年、分担執筆）、「『安全』かつ『効率的』管理に向かうカナダの難民庇護政策——ハーパー保守党政権による境界再編に関する一考察」（『法學研究 関根政美教授退職記念号』89巻2号、2016年）など。

神崎 舞 （かんざき・まい） 第4章

同志社大学グローバル地域文化学部助教。主な研究領域はカナダの舞台芸術。主要論文に、"The Japanese-Garden Aesthetics of Robert Lepage: *Shukukei, Mitate,* and *Fusuma-e* in *Seven Streams of the River Ota* and Other Works"（*Theatre Research International,* Vol. 38, No. 3, 2013）、「カナダのシェイクスピア——『ロミオとジュリエット』（1989）におけるプレーリーの役割」（『カナダ研究年報』36号、2016年、2015年日本カナダ学会研究奨励賞優秀論文賞受賞論文）など。

木村　仁 （きむら・ひとし）　第 8 章

関西学院大学法学部教授。神戸大学法学研究科博士課程単位取得満期退学。ヨーク大学オズグッドホール・ロースクール LL.M. 取得。専門は英米法。近畿大学講師、岡山大学助教授を経て、2006 年より現職。主要論文に、「カナダにおける擬制信託と不当利得」（『現代民事法学の理論（下）西原道雄先生古稀記念論文集』信山社、2002 年）、「カナダにおける保証契約締結時の保証人の保護」（『近畿大学法学』46 巻 1 号、1998 年）など。

木村裕子 （きむら・ゆうこ）　第 9 章、第 10 章

関西学院大学国際学部および国際教育・協力センター非常勤講師。関西学院大学総合政策学部卒業、ヴィクトリア大学大学院修士課程修了。カナダ国際開発庁にてカナダ側リエゾンとして日加平和構築プログラムおよび日加 NGO 協調プログラムに携わったのち、在カナダ日本国大使館専門調査員としてカナダ内政・外政を担当。専門はカナダ外交政策、カナダ政治、日本カナダ関係。

クラグストン，マッケンジー （Clugston, Mackenzie）　第 12 章　特別寄稿

関西学院大学特別任期制教授、クロス・カルチュラル・カレッジ学長。トレント大学卒業、クイーンズ大学大学院修士課程修了。在大阪カナダ総領事、駐日カナダ公使、駐インドネシア・カナダ大使（ASEAN および東チモールのカナダ大使を兼任）、駐日カナダ大使などを歴任。2016 年 9 月より現職。

真田桂子 （さなだ・けいこ）　第 7 章

阪南大学流通学部教授。大阪市立大学文学研究科博士課程満期退学、モントリオール大学大学院文芸学研究科 Ph.D 資格取得。専門はフランス語圏文学、カナダ・ケベック地域研究。主要著書・訳書に、『トランスカルチュラリズムと移動文学——多元社会ケベックの移民と文学』（彩流社、2006 年）、『ケベックを知るための 54 章』（明石書店、2009 年、分担執筆）、『わが心の子らよ』（彩流社、1999 年、翻訳）、『ケベック詩選集 Anthologie de la poésie québécoise ——北アメリカのフランス語詩』（彩流社、2019 年、編訳）など。

田邊　信（たなべ・しん）　**第 12 章　特別寄稿：訳**

世界銀行東京開発ラーニングセンター知識管理官。国際基督教大学およびアーモスト大学卒業、トロント大学大学院修了。関西学院大学国際教育・協力センター日加協働教育プログラム担当准教授などを経て 2019 年より現職。主要論文に、「交換留学の経験と成果に関する研究」（『関西学院大学高等教育研究』9 号、2019 年、共著）など。

友武栄理子（ともたけ・えりこ）　**第 6 章**

関西学院大学国際教育・協力センター非常勤講師。立命館宇治高等学校フランス語非常勤講師を経て、2003 ～ 04 年にケベック各地の研究者で構成されるラヴァル大学ケベック研究センターに在籍。主要著書に *Conversation dans la classe, un manuel de français*（ALMA、2003 年、共著）、『ケベックを知るための 54 章』（明石書店、2009 年、分担執筆）、『現代カナダを知るための 57 章』（明石書店、2010 年、分担執筆）など。

水戸考道（みと・たかみち）〈編者〉　**序章、第 11 章**

関西学院大学法学部教授、クロス・カルチュラル・カレッジ構想責任者および共同教務委員長。トロント大学大学院博士課程単位取得満期退学。専門は国際比較政治経済学、北太平洋地域研究、グローバルスタディ。ケンブリッジ大学講師、モナシュ大学高等講師、九州大学教授、香港中文大学教授、早稲田大学教授などを経て、2010 年より現職。主要論文に、"The institutionalization of energy cooperation in Asia"（*Asian Designs: Governance in the Contemporary World Order*, Cornel University Press, 2016、共著）など。

総合研究カナダ

2020 年 4 月 20 日初版第一刷発行

編　著　水戸考道・大石太郎・大岡栄美

発行者　田村和彦
発行所　関西学院大学出版会
所在地　〒 662-0891
　　　　兵庫県西宮市上ケ原一番町 1-155
電　話　0798-53-7002

印　刷　協和印刷株式会社